Noah From

KÄNSLOSTARK

Oavsett omständigheter

Känslostark - Förmågan att kunna må som vi vill oavsett omständigheter

INNEHÅLLSFÖRTECKNING

FÖRORD

Har du någon gång funderat på hur vissa människor som verkar ha "allt", kan må dåligt, medan andra som trots att de upplevt helvetet på jorden, ändå lyckas må bra och leva ett liv i glädje och tacksamhet. Oavsett vart jag befunnit mig, på min arbetsplats, på familjesemester eller i arbetet med före detta barnsoldater så har jag ställt mig själv frågan: Är det möjligt att må som vi vill oavsett omständigheter?

Livet blir sällan som vi planerat. Det kommer alltid dyka upp oönskade överraskningar. Om vi bara är lyckliga när saker och ting går som vi vill, så kommer vi inte att vara lyckliga särskilt ofta.

Under lång tid trodde jag att mina känslor var ett direkt resultat av mina omständigheter och hur andra människor behandlade mig. När jag mådde dåligt kunde jag skylla på andra människor, vädret, min uppväxt, brist på tid, pengar eller situationen jag befann mig i. Mitt emotionella välmående bestämdes av händelserna i mitt liv. Jag kände mig ofta hjälplös inför mina egna känslor och det gjorde mig trött och frustrerad.

I mötet med människor som hade all orsak att må dåligt, men inte gjorde det förändrades min syn på känslor. Människor som till synes förlorat allt men som ändå levde underbara liv lärde mig att det enda som hindrade mig från att må som jag ville, var *jag* själv och *min* förståelse om hur känslor egentligen fungerar.

Till grund för denna bok ligger min frustration och desperation men även längtan efter att kunna använda mina känslor istället för att bli använd av dem. I denna bok kommer du få nycklar och praktiska tillvägagångssätt som kan hjälpa dig att må som du vill oavsett hur det ser ut runt omkring dig.

Någon ska ha sagt, att man bäst lär ut det man själv försöker lära sig. Det tror jag också. Jag talar i den här boken om det jag själv vill lära mig.

"När du förändras, så kommer allt förändras för dig" - Jim Rohn

INLEDNING

ETT UNDERBART LIV

Vad är ett underbart liv? Är det ett liv med familj, goda vänner, mat som vi gillar, en framgångsrik karriär, gott om pengar och lyckade relationer?

Har du någonsin mött en person som haft mycket pengar men fortfarande inte är glad? Har du mött en person som är omgiven av kärleksfulla människor men som fortfarande inte känner sig älskad? Eller en person som känner sig älskad men fortfarande är missnöjd över att inte ha kroppen, tiden, jobbet eller framgången hen vill ha?

Om vi bara tar en stund och tänker efter så inser vi ganska snart att ett underbart liv inte kommer från uppnådda mål, familj, goda vänner, mer tid, en drömpartner, framgång i karriären eller mer pengar. Förstå mig rätt, allt det kan vara underbart, men hur många exempel finns det inte på människor som uppnått "allt" men som ändå mår uselt och i vissa fall till och med bestämt sig för att ta sitt eget liv. Ändå lyckas vi inbilla oss att det kommer bli annorlunda för oss när vi får allt det där som vi vill ha.

"Det är inte världen på utsidan som avgör hur du mår,
det är världen på insidan"
−NOAH FROM

Har du tänkt på att många av oss investerar större delen av vår tid, energi och pengar på att bemästra den yttre världen. Vi jobbar stenhårt för att hjälpa andra, förbättra våra relationer, lyckas på vår arbetsplats, förvalta våra finanser, göra karriär och vårda vårt utseende. Upptagna av att skapa ett framgångsrikt liv på utsidan så glömmer vi lätt att kvalitén i våra liv inte avgörs av yttre faktorer. Kvalitén i våra liv avgörs av hur vi mår på insidan. Många av oss har koll på senaste nytt från bostadsmarknaden, våra favoritbloggares senaste inlägg eller FN´s senaste omröstning, Samtidigt är det många av som inte vet hur vi ska hantera känslor som stress, besvikelse, ångest och oro.

Vi har alla upplevt kraften som finns i våra känslor. Ensamheten som tär på oss, oron som tynger oss, ilskan som brinner inom oss, rädslan som isar i bröstet, lusten som förblindar oss, glädjen som gör oss fria och passionen som gör att vi bryter igenom. Syftet med den här boken är att inspirera dig till att öppna dörren till kanske en av livets största hemligheter, nämligen konsten att bemästra den del av vår inre värld som utgörs av våra känslor.

Jag hörde en man säga "kvaliteten i våra liv reflekterar kvaliteten i de känslor som vi känner på daglig basis". Stämmer inte det? Om vi lever ett liv i frustration, ilska, besvikelse, bitterhet, stress eller självömkan så spelar det ingen roll hur många vänner eller hur mycket pengar vi har eller vad vi lyckas med, allt kommer vara förgäves om vi inte mår som vi vill må. Om vi däremot lever ett liv präglat av känslor såsom tacksamhet, passion, kärlek, hunger, hopp, uppskattning och ödmjukhet så spelar det ingen roll vad vi saknar eller vad som händer omkring oss, vi kommer alltid att kunna leva ett underbart liv. I ljuset av detta så kommer jag i denna bok besvara frågan: Är det möjligt leva ett underbart liv oavsett omständigheter och i så fall hur?

Ett underbart liv ser naturligtvis olika ut för oss alla, men oberoende av hur vi definierar ett underbart liv så finns det en sak gemensamt, ett underbart liv är en känsla. Håller du med? Eller tror du att det är möjligt att leva ett underbart liv medan du känner dig pyton?

Om ett underbart liv är en känsla så skulle vi kunna definiera ett underbart liv som: Ett liv där vi kan må som vi vill oavsett omständigheter. Ett liv där vi är känslostarka.

Många gånger kommer oönskade känslor i vägen för det vi vill ha och vara. Stress gör att vi inte kan slappna av, rädsla gör att vi inte försöker, stolthet hindrar närhet i våra relationer, prestationsångest gör att vi inte färdigställer och besvikelse gör att vi slutar hoppas.

Under stor del av mitt liv upplevde jag att mina känslor var som virus som attackerade mig när jag var som svagast. Men är det verkligen så. Är känslor något som bara kommer och går utan att vi kan göra något åt det?

Du kan inte kontrollera allt som händer utanför dig,
men du kan alltid kontrollera det som händer på insidan av dig
−WAYNE DYER

När vi tror att våra känslor ligger bortom vår kontroll försöker vi ofta undvika oönskade känslor genom att till exempel undvika vissa platser, situationer och människor. Alla hittar vi ett sätt att hantera våra oönskade känslor på. Ibland förtrycker vi våra känslor för att inte såra andra eller för att själva inte bli sårade. Ibland skriker vi ut våra känslor för att inte känna oss trampade på. Det är också vanligt att försöka ändra sättet vi känner oss genom att frossa i arbete, mat, aktiviteter, medicin, droger eller alkohol. Ett liv där våra känslor kontrollerar och styr oss leder ofta till ett begränsat liv och ett liv beroende av "rätt" omständigheter. Däremot, ett liv där vi förstår vad känslor egentligen är och deras funktion gör att vi kan leva ett liv i frihet och hållbart välmående oavsett hur det ser ut runt omkring.

Målet är inte att vi ska springa runt och skratta hela tiden. Alla våra känslor fyller en funktion. Emotionell mångfald är en viktig del av vår livsupplevelse, det bidrar med djup. Vi kommer alla känna oss ledsna, rädda och överväldigade ibland, men att veta hur vi kan ta oss ur sådana känslor utgör en värdefull egenskap. Så, tänk om det är möjligt att lära dig använda dina känslor? Tänk om våra känslor inte behöver vara något absolut och något som tynger oss utan istället kan utgöra en kraftkälla? Tänk om du kan gå från oro till glädje på ett ögonblick, om du skulle vilja? Tänk om vårt känsloliv är som en muskel som vi kan träna och använda för att skapa ett liv fyllt av känslorna som vi vill ha mer av?

"Vårt öde på livets hav bestäms inte av hur höga vågorna är
eller hur stark vinden är, utan av hur vi använder vårt segel"
− SJÖMAN

Ett liv där vi kan må som vi vill må oavsett omständigheter förutsätter att vi utvecklar förmågan som gör det möjligt. Denna förmåga är något som jag har kommit att kalla "känslostark", d.v.s Förmågan att kunna må som vi vill oavsett omständigheter. Denna bok handlar om hur man utvecklar en sådan förmåga.

Boken tjänar till att introducera tankar och idéer som delats av tänkare, överlevare och framgångsrika människor före oss. Tankar och idéer har kraft att förvandla vår livsupplevelse om vi väljer att omsätta dem i praktiken. Förändring, närmare bestämt förbättring börjar alltid med en ny tanke och denna bok är full av sådana tankar. Det mesta du kommer läsa i denna bok är alltså värdefullt tjuvgods som jag stulit från människor jag träffat och tänkare före mig. Jag är lite som Robin Hood faktiskt, jag har tagit från de rika och vill nu ge till alla som vågar se sig själva som "fattiga". Finns det något bättre än att vara fattig i den bemärkelsen att du alltid är öppen för nya tankar och idéer?

Vi kommer att bekanta oss med människor som Viktor Frankl men även med mindre kända människor som till exempel flyktingar från Kosovo, folkmordöverlevare från Rwanda och hjältar från Stockholms innerstad. Detta är visdom som visar att vi alla, redan idag, oavsett bakgrund och omständigheter, kan skapa ett liv i hållbar lycka, glädje och emotionell styrka. Ett underbart liv. Ett liv där vi är känslostarka.

Denna bok är även ett tack till alla människor i mitt liv. Tack för att jag har fått medverka i era liv och för er medverkan i mitt. Er livsresa har format min livsresa. Ni har gett mig det jag har behövt för att bli den jag är idag. Jag vill även tacka min mamma och pappa för att ni gjort detta spännande liv möjligt genom att sätta mig till världen. Dessutom vill jag rikta ett stort tack till filantropen Jim Rohn och livs-strategen Tony Robbins som har öppnat upp dörren till många av de tankar, idéer och förhållningssätt som presenteras i denna bok.

KAPITEL 1

VAD ÄR VI UTE EFTER EGENTLIGEN?

- LIVETS DRIVKRAFT

19 år gammal flyttade jag till en ny stad i södra delen av Sverige. Full av förväntan tänkte jag, nu skulle världen få se vad Noah From gick för. Av praktiska skäl så bodde jag under min första tid hos min moster. Min moster och jag kom väl överens, men som många andra 19-åringar var jag upptagen med tanken av frigörelse och självständighet. Jag ville stå på egna ben, vara självständig. Jag ville lyckas.

Jag minns hur jag varje kväll låg i min säng och stirrade upp i min mosters tak och tänkte, "om jag får ett bra jobb, köper lägenhet och bil, då kommer jag känna mig fri och stolt över mig själv".

Tre månader senare ringde väckarklockan. Jag öppnade ögonen och stirrade upp i taket i min nya lägenhet. När jag satte mig upp på sängkanten suckade jag djupt gruvade mig över att gå till jobbet som jag nu hade, stressad över att jag måste hinna tanka bilen som jag nu skaffat mig. Det var ju inte så jag föreställt mig att frihet och självständighet skulle kännas, det som jag så länge längtat efter. Trots att jag nu hade allt som jag bara några månader innan drömt om, kände jag mig tom, rastlös, ensam och förvirrad.

Har du någonsin velat ha något mer? Har du velat göra skillnad här i världen, göra karriär, skaffa ett nytt hus eller kanske bli rikare? Om svaret är ja, låt mig ställa ytterligare en fråga: Vad hoppades du att det skulle ge dig? Hypotetiskt sett, om du nu fick det, vad hade det gett dig egentligen?

Ett framstående karaktärsdrag hos oss människor är att vi ständigt vill ha mer. Om du har ett bra jobb så vill du kanske ha bättre hälsa. Om du har god hälsa så vill du kanske ha bättre relationer och så vidare. Hur många av oss har köpt något eller äntligen fått det där som vi så desperat längtat efter, bara för att en kort tid efteråt upptäcka att vi nu längtar efter något annat, något mer? Många människor lyckas få allt de vill ha, men verkar sakna det de verkligen behöver. Frågan återstår: Vad är det vi egentligen vi är på jakt efter när vi hela tiden jagar efter mer? Hemligheten ligger i svaret på frågan: Vad har följande ord gemensamt? Lycka, trygghet, framgång, rikedom, kärlek, respekt, självförtroende, styrka, tillit, makt, extas, besvikelse, hat och glädje? Den gemensamma nämnaren för ovanstående ord är att de alla är känslor.

Somliga av oss har inga problem att erkänna att vi ibland kan vara ganska känslosamma. Jag däremot, brukade vara en person som sa "jag är ingen känslo-människa, jag är rationell". Min inställning till livet var att man inte kunde leva livet styrd av känslor. Jag var den hurtiga typen som trodde att man kunde ignorera jobbiga känslor och bara "tänka positivt". Nu är det annorlunda för mig. Vändpunkten kom när jag introducerades till tanken: *I allt vi gör drivs vi av känslor!* Första gången jag hörde detta blev jag provocerad. Det lät flummigt, oseriöst och abstrakt, men efter ett tag skulle jag förstå. Låt mig förklara.

VAD VI EGENTLIGEN VILL HA

Oavsett vad du vill ha eller strävar efter, så är frågan: Gör du det på grund av objektet i sig eller på grund av känslan du tror att det kommer ge dig? När du vill ha pengar, är det papper med döda gubbar och gummor som du vill ha? Naturligtvis inte. Vi vill ha pengar på grund av känslan vi associerar pengar med, till exempel känslan av frihet, makt och gemenskap. Är det en metallbit med bokstäverna "OS" ingraverade som får en person att ge sitt liv åt att vinna OS? Naturligtvis inte, det är känslorna som personen associerar med medaljen, berömmelse, bekräftelse eller förverkligande. På samma sätt är det när vi går till frisören för att klippa oss. Vi går naturligtvis inte till frisören för att beskära skalpens proteinutväxter från våra hårsäckar utan vi klipper oss för att det är skönt, för att kunna känna oss funktionella, snygga, fräscha, sexiga eller accepterade, vilket också är känslor. *Allt vi gör eller vill ha, vill vi göra eller ha för att vi tror att det kommer förändra sättet vi känner.* Låter det överdrivet? Kanske, men tänk om det är sant. Oavsett vad du vill ha och om du ställer frågan "varför vill jag ha det?" tillräckligt många gånger så kommer du upptäcka att det handlar om att du tror att det kommer förändra sättet du känner.

Under en lång tid trodde jag "rationella" människor var motsatsen till så kallade "känslomänniskor". Det var innan jag kom på att även "rationell" är en känsla. Alla "rationella" människor handlar ju inte likadant och kan mycket väl ha olika uppfattningar om vad som är rationellt. I ljuset av det förstår vi även att allt vi vill ha eller vara, vill vi ha eller vara för att vi tror att det kommer få oss att känna på ett visst sätt.

Pröva nu tanken: Känslor är det som motiverar oss och är det som får oss att agera eller inte agera.

Men vänta lite nu, ibland gör vi ju saker även fast de känns jobbiga och obekväma, vi går till gymmet tidigt på morgonen, fixar rabatten i ösregn eller konfronterar chefen, då styrs vi väl inte av våra känslor? Intressant, låt mig erbjuda en förklaring. En av människans mest tillfredställande känslor är att agera i enlighet med de vi vill vara och ser oss själva som. Bevarandet av vår självbild kan få oss att göra saker som i stunden känns obekväma för att vi efteråt ska få känna välbehag. Mer om det lite senare i boken.

VARIFRÅN KOMMER VÅRA KÄNSLOR?

Om känslor är det som styr vad vi gör eller inte gör, hur uppstår de då? Vad får oss att känna? Är det vädret, vår partner eller juletid etc? I samtalet om känslor är det vanligt att tro att det är yttre faktorer som är källan till våra känslor. Vi tror att saker, händelser och människor är det som får oss att känna. Vi kanske tänker att det är våra vänliga grannar, semestrar, goda relationer, jobb, ägodelar och händelser som ger oss de känslor vi vill ha. Vi tänker "när jag når dit", "åstadkommer det" eller "när jag får det där, då kommer det kännas bra".

Yttre omständigheter kan mycket väl bidra till att det är lättare att uppleva vissa känslor men både du och jag vet att känslor inte sitter fast i saker, händelser eller personer. En och samma bil kan ju resultera i två helt olika känslor hos två olika personer. Drömbilen för den ena personen kan ju vara en pinsam bil för en annan, känslan sitter alltså inte i bilen. Vissa människor tycker att det är härligt med regn medan andra avskyr att bli blöta, känslan sitter alltså inte i regnet. Ena stunden är vi förälskade i vår partner för att nästa stund vilja lämna hen, känslan verkar heller inte sitta i själva partnern.

Om det inte är människorna, sakerna, orden eller händelserna i sig som bestämmer vad vi känner, vad är det då? Det är de betydelserna vi ger sakerna, människorna, orden eller händelserna som avgör våra känslor. Låt mig förklara med ett exempel.

Tony blir arg på sin fru Filippa på grund av att hon kommer hem sent och därmed missar kvällens middag. När Filippa kommer hem berättar hon att hon på vägen hem bevittnat en bilolycka och stannat för att hjälpa till. Tonys känslomässiga reaktion går från ilska till förståelse. Tonys reaktion var alltså inte orsakad av Filippas sena hemkomst utan snarare betydelsen som han gett hennes sena hemkomst. Han blev arg för att han gett situationen en betydelse som gjorde honom arg, medan så fort han ändrade sin betydelse av situationen, ändrades även han känslomässiga reaktion.

Under hela min uppväxt trodde jag att känslor var något som hände med mig. När någon inte höll sitt ord blev jag besviken, när någon provocerade mig blev jag arg och när människor inte förstod mig blev jag irriterad. Jag levde ett liv med härliga lyckotoppar bara för att med jämna mellanrum ramla ner i dalar av frustration och oro. På senare tid har jag insett att jag var ett offer för yttre händelser och andra människors beteenden. Men så läste jag en bok "Att välja glädje" av Kaj Pollack, där han skrev något som jag aldrig hade tänkt på förut:

"Varje tanke jag har om omvärlden
är ett meddelande till mig själv, om mig själv"
-KAY POLLACK

När jag läste detta först gången ställde jag mig själv frågan: Kan det vara så att mina känslor inte speglar verkligheten utan endast mitt eget sätt att se på verkligheten? Tänk om mina känslor inte är resultatet av det som händer mig utan resultatet av hur jag tolkar det som händer mig?

Att det skulle vara jag själv som gjorde mig arg, ledsen eller irriterad genom mitt sätt att tolka händelser var en främmande tanke. Första gången jag hörde att jag var 100 procent ansvarig för alla mina känslor blev jag provocerad och irriterad, jag hade ju varit med om många "hemska" saker i mitt liv. Men tids nog började jag förstå, jag kommer aldrig kunna kontrollera allt som händer mig, men jag kan lära mig att kontrollera hur jag tolkar det som händer och vad det ska betyda för mig.

Stanna nu upp och ställ dig själv frågan: Kan det verkligen vara så att jag är 100 procent ansvarig för alla mina känslor och att allt jag känner reflekterar mitt sätt att tolka olika händelser och situationer?

VARFÖR KÄNNER VI SOM VI GÖR?

Efter att ha mött människor som drabbats av våld, övergrepp och orättvisa men trots det idag lever liv i glädje och tacksamhet, har jag blivit övertygad om att känslor inte är resultatet av det som händer med oss utan resultatet av hur vi väljer att tolka det som händer oss.

Vi tolkar situationer, händelser och andra människor genom att tillskriva olika betydelser. Kort sagt, betydelsen vi ger en händelse eller situation avgör hur vi kommer att känna i den situationen eller händelsen. Det är naturligtvis inte de döda människokropparna, 40 °C minusgrader, snö och sten som får en person att känna sig som vinnare när denne nått Mount Everest topp (det hade lika gärna kunnat vara en obehaglig gravplats). En person som bestiger bergets topp känner sig som vinnare för att hen gett Mount Everest en betydelse som får hen att känna sig som en vinnare.

Vi kan lära oss att bemästra våra känslor, eftersom vi till 100 procent kan bemästra betydelserna vi ger. I ljuset av detta förstår vi, att det egentligen inte finns någon eller något som kan få oss att "känna" som vi gör utan att allt vi känner är orsakat av de betydelserna vi tillskriver olika situationer och händelser. Naturligtvis kan omständigheter bidra till att vi fysiskt har det lättare eller svårare att ge betydelser som får oss att må bra (till exempel när vi har ont eller är hungriga), men det undanhåller inte det faktum att det är vi som väljer vad en händelse och situation ska betyda betyda för oss.

> *"Inget i livet har någon betydelse*
> *förutom den betydelse vi väljer att ge*
> - TONY ROBBINS

Våra känslor kan alltså ses som information om de betydelser vi valt att ge händelser, människor och deras beteenden. Så vad är det som gör att många av oss kan gå genom livet och tro att vi står hjälplösa inför känslor som besvikelse, uppgivenhet, oro, stress och sorg? Hur ofta mår vi inte dåligt och tänker att vårt känslomässiga tillstånd är bortom vår kontroll? Vi kanske säger "jag har en dålig dag" eller "jag är inne i en deppig period just nu" som om känslor vore något som bara händer oss. Varför tror vi att yttre händelser och andras beteende direkt påverkar hur vi mår?
Stanna upp och ställ dig följande fråga: Fick du någon gång som barn höra: "Om du gör så blir mamma arg" eller "om du inte gör som pappa säger blir pappa ledsen"

Redan som barn blev vi programmerade att tro att vi är direkt ansvariga för hur människorna i vår närhet mår. Indirekt tränades vi som barn att tro att "mitt agerande har direkt inverkan på hur en annan människa känner sig". Vi lärde oss att tänka på ett sätt som gjorde oss till offer för det som händer utanför oss. Det är en av de främsta anledningarna till att vi upplever att det är yttre faktorer och andra människor som är orsaken till våra känslor. Vi fortsätter att programmera oss själva och andra till offer hela livet genom att säga saker som:

"Min chef GÖR mig galen. Hen förstår mig inte och DET GÖR mig så himla stressad"
"Mina kollegor tänker bara på sig själva DET GÖR mig så irriterad"

Ytterligare en anledning till att vi skyller våra känslor på omständigheter och håller andra människor ansvariga för vårt välmående, är vår drivkraft att bevara vår självbild, de vi tror oss vara. Hur många av oss vill se oss själva som frustrerade, arga och själviska? Inte många, så varje gång vi känner oss frustrerade, arga och själviska så låter vi andra bära skulden för vårt beteende istället att skada självbilden som ligger till grund för hela vår existens. Istället för att förstöra vår självbild (som är grunden för hela vår existens) så förvrider vi helt enkelt verkligheten för att känna oss trygga i vilka vi är.

> *"Vi ser inte världen som den är utan som vi är"*
> - ANAÏS NIN

Hela vårt liv är uppbyggt på vår självbild, de vi tror oss vara. Våra relationer, vårt arbete och vår vardag är alla baserade på de vi ser oss själva som. I en värld som ständigt förändras har vår självbild blivit det som vi räknar som konstant. Eftersom vi människor baserar hela vår existens på vår självbild så har bevarandet av denna blivit vår starkaste drivkraft. Vår vilja att bevara vår självbild gör oss ofta blinda för saker som vi inte vill se hos oss själva eftersom det skulle kunna göra oss förvirrade. Och vad händer med en människa som inte vet vem hen är? Vart hör hen hemma? Vart är hen på väg? Hur kan hen veta vad som är bra eller dåligt? Hur förhåller sig en sådan person till andra människor och framförallt hur ska hen förhålla sig till sig själv?

Sprickor i vår självbild får konsekvenser inom alla livets områden och upplevs därför ofta som en av livets mest smärtsamma känslor. Vi vill hellre känna oss säkra på vilka vi är och döma andra än ifrågasätta det som vi byggt hela vårt liv på. Vår självbild. Vi skyddar ofta oss själva mot oönskade känslor genom att använda oss av det som kallas projektioner. Om vi till exempel ogillar någon, men vår självbild säger att det inte är berättigat att

ogilla personen i fråga. Då löser vi situationen genom att föreställa oss att denne inte gillar oss heller. Plötsligt har vi skapat en berättigad anledning att ogilla personen. På detta sätt slipper vi känna oss orättvisa och elaka.

> *"Bakom allt vi tycker är konstigt gömmer sig vår egen okunskap."*
> – NOAH FROM

Vi ställs alltså varje dag inför ett val: Att leva som jag brukade göra, hålla tummarna, hoppas på en bra dag och försöka undvika smärtsamma situationer. Eller så kan vi inse att vi inte behöver leva ett liv i reaktion och tro att våra känslor är automatiska. Vi kan bli medvetna om att känslor är resultat av en inre process, som vi kan ta kontroll över och lära oss att dra nytta av.

Att lära känna sig själv och kontinuerligt uppdatera sin självbild är en krävande process och något som de flesta av oss inte lägger tid på. Vi spenderar mycket tid på vårt arbete, men ytterst lite tid på att arbeta på oss själva. Genom några enkla tillvägagångsätt som följer i nästkommande kapitel kan vi lära oss att använda våra oönskade känslor för att skapa ett underbart liv. Konsten att bemästra våra känslor är en förutsättning för att kunna förbättra inte bara vårt eget känsloliv utan våra relationer, vårt yrkesliv och övriga områden i våra liv. Känslor kan förstöra oss om vi låter dem bli våra herrar men kan bli en gudomlig styrka om vi låter dem vara våra tjänare. Så hur kan vi ta kontroll över och lära oss använda våra känslor? Det kan vi läsa om i nästa kapitel. Innan vi går vidare, vill jag summera vad vi lärt oss hittills.

ATT TA MED OSS

Oavsett vad vi människor strävar efter är det egentligen en strävan efter känslor. Allt vi vill ha, allt vi vill uppnå och allt vi vill vara, vill vi ha, uppnå och vara för att vi tror att det kommer få oss att känna på ett särskilt sätt.

Ofta skyller vi våra känslor på yttre omständigheter, personer och händelser. Det är resultatet av ett inlärt beteende och ett sätt att bevara vår självbild. Vi tillskriver andra våra egna tillkortakommanden för att bevara bilden av oss själva och därmed slippa känslor av otrygghet och förvirring.

Det är aldrig händelser eller situationer som får oss att känna som vi gör utan de betydelser vi tillskriver händelserna. Våra känslor är inte en reflektion av människorna eller omständigheterna runt omkring oss utan de berättar snarare något om hur vi tolkar och ser på människorna och omständighetena.

Eftersom vi kan ta 100 procent kontroll över de betydelser vi tillskriver situationer och händelser så är det möjligt att ta kontroll över våra känslor.

KAPITEL 2

ATT BEMÄSTRA SINA KÄNSLOR

- TRE BESLUT SOM AVGÖR KVALITÉN I DITT LIV

När Elise var 5 år hade hon bara en person som hon älskade, sin pappa. Han jobbade långa dagar och var nästan aldrig hemma. Hennes mamma däremot jobbade också men inte lika mycket och när hon inte jobbade behandlade hon Elise på ett avskyvärt sätt. Hon brukade låsa in henne i en mörk garderob och med anledningen att hon var ful och dum. Elise vågade aldrig berätta vad som pågick för sin pappa, om det som hände i hemmet eller om det som hände när hon var hos grannfamiljen. Det som började vid fem års ålder skulle fortsätta många år framöver.

Medan hennes föräldrar jobbade tillbringade Elise ofta eftermiddagarna hos ett medelålders par som bodde i en lägenhet utan egna barn. Varje dag efter att de hade ätit middag så tog mannen henne från matbordet in till sovrummet bredvid och våldtog henne. Dörren stod alltid öppen så att kvinnan kunde sitta och titta på medan övergreppet pågick. Varje gång efter att det var över så sa kvinna till lilla Elise "Om du berättar för någon vad vi gör med dig, så ska jag döda dig". Samtidigt som hon sa det så fick Elise varje gång en brun påse med några karameller och skickades sedan hem.

Åren gick och när hennes föräldrar skiljdes hittade mamman snart en ny och ytterligare en man kom in i hennes liv. En man som inte gjorde livet lättare. Han var ständigt full och slogs ofta. En dag tog han fram en hagelbössa och tryckte den mot hennes 11-åriga lilla kropp och hon mindes hur hon skrek till mannen "skjut mig, jag vill inte leva". Hon klarade sig den gången. Vid 14 års ålder rymde hon hemifrån bara för att två år senare bli indragen i en affärsverksamhet där hennes kropp såldes till olika män för pengar. Hon visste det inte då men hon hade blivit vad många kallar prostituerad.

Vi kommer alla under livets gång utsättas för situationer då vår potential och förmåga prövas till det yttersta. Det är i sådana situationer som vissa människor krossas och tynar bort medan andra växer, upptäcker mer av sin potential och lär känna sin sanna natur.

Omvärlden försökte intala Elise att hon var värdelös. Hon blev sexuellt utnyttjad, såld, misshandlad och levde sedan en stor del av sitt liv i tomhet och blandmissbruk. Hon vet hur det är att ha känslan av att ha förlorat sitt värde som människa och att inte känna sig älskad. Många skulle tycka att hon har all rätt att hata dem som gjort henne illa, att hon har rätt att känna bitterhet och att hon inte behöver vara glad. Jag är beredd att hålla med till 100 procent. En människa som har varit med om det Elise var med om har all rätt att känna ilska och bitterhet. Det otroliga med Elise är att hon inte gör det.

Istället för att ge det som hänt en betydelse som resulterar i känslor av hat, fruktan och oro så visar Elise att det är möjligt att välja en betydelse som gör att hon idag kan älska människor och älska livet. Istället för att hata personerna som gjort så illa mot henne resulterar hennes betydelse i att hon lyckats förlåta personerna som gjort henne ont. Elise har lyckats ge en betydelse som omvandlar allt det hemska som hon gått igenom till en drivkraft som idag gör att hon hjälper och räddar kvinnor som sitter fast i sexhandel. Elises bakgrund har gjort henne till en nyckel för andra människor som annars skulle suttit inlåsta i hopplöshetens fängelse.

Bild: Simeon Frohm

Det är hacken i nyckeln som gör den till en nyckel. Smärtan du upplever i livet gör dig till nyckeln som kan öppna dörren till det livet som du är ämnad att leva.

Om du någonsin träffat Elise Linqvist (Ängeln på Malmskillnadsgatan) så strålar hon av kraft, värme och glädje. Hon säger "det är genom att hjälpa och ge som hon själv har kunnat läka och växa". Elise berättar att det var mötet med Jesus som blev vändningen och gjorde att hon slutade fly från all den smärta hon känt. Hon fick en ny identitet. Nu är detta ingen "Jesusbok" i den bemärkelsen, men Elises berättelse är intressant oavsett om du tror på Gud eller inte. Elise berättar om ett möte med en förlåtelse som gjorde att hon själv kunde förlåta och om en villkorslös kärlek som gjorde att hon kunde börja älska sig själv igen och idag älska andra. Elises berättelse är inte berättelsen om en kvinna som har lärt sig att tänka positivt, glömma eller förtrycka sina känslor. Elise är berättelsen om en person som valt att inte vara ett offer för omständigheterna. Det var när Elise förändrades på insidan som även hennes yttre värld förändrades.

VEM BLIR LIVETS VINNARE?

I mitt liv har jag fått äran att spendera tid och arbeta tillsammans med hjältar som Elise. Det är människor som upplevt enorma orättvisor men som trots det tagit sig igenom vad många skulle kalla helvetet och idag inspirerar oss andra. Vi har alla sådana människor i våra liv. Dessa hjältar lär oss:

> *Det är inte livets händelser som avgör hur våra liv blir*
> *utan vad vi väljer att göra med dessa händelser.*
> *Det är inte det vi har som bestämmer kvalitén i våra liv*
> *utan vad vi väljer att göra med det vi har*
>
> – JIM ROHN

Vi har alla sett och hört om människor som verkar ha haft allt, framgången, familjen, husen, pengarna och kändisskapet men ändå valt att avsluta livet. Utifrån sett sågs de kanske som framgångsrika men i slutändan var de personer som tyckte livet var så outhärdligt att de valde att avsluta det. Det visar att yttre framgång utan inre tillfredställelse är det ultimata misslyckandet. Att ha allt man vill ha men samtidigt känna att något fattas. Att "lyckas" men inte känna sig lycklig.

Samtidigt som vi hör om dessa tragiska livsöden hör vi också talas om människor som Elise som trots en svår, smärtsam och trasig bakgrund lyckas hitta mening, styrka och glädje. De verkar ha funnit en väg att trotsa nederlag, övervinna hopplöshet och mörker. De är människor som lyckas vända en traumatisk barndom till ett liv i tacksamhet och överflöd och ett liv i olycka till ett liv i framgång. Trots sin bakgrund så lyckas de bli livets vinnare. Frågan är, vad är det som gör en person till en livets vinnare och en annan till förlorare?

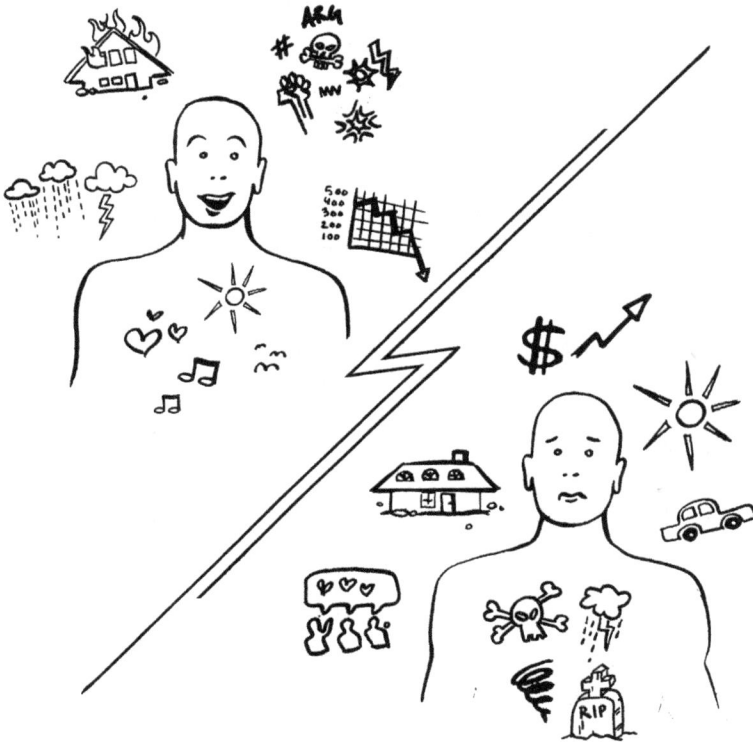

Bild: Simeon Frohm

Det är inte utsidan som avgör hur vi känner oss utan insidan

Det som gör människor som Elise till vinnare i mina ögon, har att göra med fokus. Vinnare är de som har all anledning att fokusera på smärtan de fått utstå i livet. De har all anledning att ge sina liv betydelsen "game over". Vinnare är de som har all anledning att kasta in handduken, men istället gör tvärt om. Vinnare är människor som oavsett omständigheter och resurser väljer att ge omständigheter en betydelse som gör att de tar sig igenom. Det är en person som utan armar eller ben, hörsel eller syn kan finna meningsfullhet i vardagen. Vinnaren är någon som förlorat sin familj eller fått utstå orättvis smärta men ändå hittar ett sätt att bidra till andra människors hopp, glädje och välmående. En vinnare är en person som medvetet eller omedvetet har utvecklat ett trossystem som bygger upp dem själva och sin omgivning. Vinnare blir inte uppgivna för att livet inte blir som de tycker att det "borde" vara, utan lär sig hur livet fungerar och agerar i enlighet med det. Vinnare är människor som lärt sig att det inte är yttre omständigheter som begränsar oss utan upptäckten av vad vi har på insidan.

Att bemästra sin inre värld är inte lätt, fråga Elise. Men vetskapen om att det är möjligt spelar en avgörande roll. Människor som Elise lär oss att den avgörande faktorn om vi ska kunna bemästra vår inre värld och må bra oavsett omständigheter, är kommunikationen med oss själva. Det är inte det som händer med oss utan hur vi kommunicerar det som händer till oss själva, som bestämmer kvalitén i våra liv.

Att mitt känslomässiga välmående inte var resultatet av omständigheter, utan var resultatet av min egen självkommunikation var till en början svårt att acceptera Men ju mer tid jag spenderade med hjältar som Elise, ensamstående föräldrar, före detta barnsoldater och människor som överlevt folkmord så förstod jag att det som avgör en människas framgång och välmående i livet är hennes självkommunikation. Den logiska slutsatsen lyder:

1. Sättet vi kommunicerar livets händelser till oss själva avgör hur vi känner oss

2. Våra känslor avgör hur vi agerar

3. Vårt sätt att agera avgör våra resultat

4. Våra resultat utgör våra liv.

Med andra ord: Kvalitén i våra liv är kvalitén i vår kommunikation och först och främst kommunikationen med oss själva.

Att det skulle vara vi och vår självkommunikation som avgör hur vi känner får vissa att känna sig illa till mods. Vissa gillar inte tanken på att de är vi själva som bär ansvaret för smärtsamma känslor som vi upplever. Däremot finns det andra som läser detta och låter en känsla av hopp strömma till och tänker "Om mina känslor beror på mig och min självkommunikation, så har ju jag möjlighet att ändra min känslomässiga upplevelse närhelst jag vill genom att ändra min självkommunikation!". Med andra ord, om vi inte gillar sättet vi känner i våra liv så betyder det egentligen att det är dags att ändra sättet vi kommunicerar livet till oss själva. Men hur?

KRAFTEN SOM FORMAR DITT LIV MER ÄN NÅGOT ANNAT

Människor som Elise lär oss att det finns en kraft som formar våra liv mer än något annat, vår kraft att fatta beslut. Vår självkommunikation består av beslut och våra beslut avgör våra känslor. Allt vi känner är resultat av besluten vi fattar. Oavsett omständigheter, bakgrund eller resurser har vi alla alltid makten att fatta tre beslut. Dessa tre beslut fattar vi varje dag, i varje situation och varje stund. Oavsett om vi är medvetna om det eller inte, så formar dessa tre beslut våra liv och upplevelser av livet mer än något annat. *Det första beslutet* vi fattar i varje situation är:

Vad vi väljer att FOKUSERA på

I varje situation beslutar vi oss för vad vi ska FOKUSERA på. Det vi väljer att fokusera på avgör vad vi tänker på och var vi investerar vår energi, "Where your focus goes your energy flows". I varje situation i våra liv ställer vi medvetet eller omedvetet frågan till oss själva; vad ska jag fokusera på? Oavsett om vi går på stan, samtalar med en vän, om börsen eller aktiemarknaden kraschar, oavsett situation väljer vi vad vi ska fokusera på.

Vår hjärna är designad för att hjälpa oss att överleva. Det ligger i vår hjärnas natur att ständigt fokusera och leta efter saker som är potentiellt skadliga för oss. Hjärnan tenderar att förstora eventuella hot för att driva oss till handling. Denna försvarmekanism har genom historien hjälpt oss att överleva både lejon och björn. Men eftersom vilda djur inte längre utgör ett hot för de flesta av oss tenderar hjärnan att fokusera på "hot" som "vad händer om jag misslyckas?", "vad tänker andra om mig?" och "har jag verkligen det som krävs?". Om vi låter vårt fokus automatiskt styras av denna primitiva försvarmekanism så kommer vår livsupplevelse präglas av stress och ångest. Om vi istället börjar ta kontroll över vårt fokus kommer mer vi sakta men säkert också kunna ta kontroll över våra känslor. Detta är det första steget mot ett liv där vi använder våra känslor istället för att bli använda av dem.

Ditt fokus avgör ditt liv. Vår hjärna processar miljontals bits information varje sekund. Medan du läser detta skulle du till exempel kunna välja att fokusera på ditt lillfinger, hur kläderna känns mot din hud eller lukten i rummet du befinner dig i. Eftersom vi inte kan processa allt i vårt medvetna samtidigt så måste hjärnan ständigt göra en utgallring bland all information. I utgallringsprocessen bland alla sinnesintryck och all information använder vi oss av i huvudsak två sorters fokus.

· Botten-upp fokus - Det är när yttre händelser bestämmer vad vi uppmärksammar och reagerar på.

· Toppen-ner fokus - Det är när vi tar kontroll och själva bestämmer över vad vi ska fokusera på.

Med andra ord, antingen låter vi vårt fokus bli en automatisk process där vi fokuserar på allt som händer i våra liv eller så lär vi oss att medvetet fokusera på det vi vill ska hända och därmed låter vi vår energi flöda åt det hållet. Kvittot på att en person äger sitt fokus är när hen slutar fråga "Varför händer det här mig?" och istället frågar sig själv "Vad vill jag ska hända nu?".

Mycket av emotionell ohälsa är till stor del orsakat av att de flesta av oss inte äger vårt eget fokus. Vi har blivit reaktionsdjur och tillåter yttre händelser att ständigt stjäla vårt fokus. Vi distraheras av våra telefoner, email, tusen mediekanaler, kraven från jobb och skola. Vi vill hjälpa vår familj, bli framgångsrika, göra skillnad i världen och vara snyggast på krogen. Samtidigt ska vi hantera saker som terrorism och världsekonomi. Vi har tappat fokus och det har ett pris.

Förutom körkort så är det närmsta jag har kommit bilsport och racing, radiobilarna på Gröna lund. För att förklara vikten av fokus använder livscoachen Tony Robbins en bra metafor från racingvärlden som jag gillar. Det första människor som utövar bilsport måste lära sig är att hantera situationer när bilen tappar greppet och får sladd. Som du säkert förstår är sladd i 200 km/h en helt annan situation än att jag i min turkosa tivoli-bil riskerar köra in i en gummikant i 10 km/h. Här står liv på spel. För att kunna lära sig hantera en sladdsituation och undvika en krasch, simulerar racertränaren en situation där en sladd inträffar. Man använder en så kallad "Skidcar"(svensk uppfinning). Den nya föraren sitter vid ratten med tränaren i passagerarsätet. Det speciella med en skidcar är att tränaren har möjlighet att när som helst trycka på en knapp som lyfter upp valfritt däck från marken och därmed sätter bilen i sladd och skapa en situation av kaos.

I början av crash-simuleringen brukar den nye föraren vara beredd. Hen sitter och tänker, snart händer de, snart händer det. Men när hastigheten ökar och föraren börjar fokusera mer på det tekniska i körningen så trycker plötsligt tränaren på knappen som sätter bilen i sladd. När detta händer är den vanligaste reaktionen bland nya förare att fokusera på föremålet som hen inte vill krascha in i och tänka "inte krascha, inte krascha". Om den nya föraren inte lyssnar på instruktionerna som ges så tvingar tränaren den nya föraren att fokusera på det håll som de vill köra åt. Och mycket riktigt, tillslut får däcken grepp och bilen styrs upp mot rätt håll igen. Läxan som den nya föraren får är att aldrig fokusera på det du är rädd för att krascha in i utan alltid FOKUSERA på vart du vill åka.

Det vi fokuserar på tenderar alltså att bli det håll vi styr åt. Tränings-processen präglas av att den nye föraren gång på gång envisas med att vilja se allt hen håller på att krascha in i medan tränaren fortsätter att tvinga föraren att hålla blicken fast vid målet. Tillslut inser den nye föraren att hens fokus bestämmer vart hen styr. När den nye föraren skiftar fokus så skiftar hen automatiskt även styrriktning, eftersom gravitation är en naturlag så får bilen tillslut grepp, kommer på rätt köl och kraschen kan undvikas. All förändring börjar med ett skifte av fokus.

Garanterar ett skifte av fokus att vi aldrig kommer att krascha? Naturligtvis inte. Både du, jag och racertränaren vet att, även om vi lär oss kontrollera vårt fokus och gör en riktningsförändring så finns risken att krascha alltid där beroende på farten som du byggt upp åt det hållet. Däremot kvarstår det faktum att om vi fokuserar på det vi är rädda för så kommer vi garan-terat uppleva mer av det. Det är genom att hitta ett stärkande fokus som vi, liksom racerföraren, har störst chans att återfå kontroll, få grepp och komma på rätt köl igen.

Naturligtvis sker inte bilens riktningsförändring på en gång eftersom den har hög fart åt fel håll. Man brukar prata om, "fördröjnings-tid", tiden mellan riktningsförändringen och verkan. Men tränaren vet att förarens fokus är det avgörande momentet och att däcken alltid efter fördröjningstiden får fäste oavsett väglag och bilen kommer sätta av mot rätt destination igen.

Om du vill testa detta själv kan du antingen leta upp närmaste racing klubb eller så kan du göra som jag gjorde. Jag prövade samma princip fast med cykel. Jag trampade med hög fart mot en snäv kurva och fokuserade inte på kurvan utan hållet dit jag ville, bortanför kurvans utmyning. Gör samma sak du så kommer du uppleva att något magiskt händer.

Tänk om samma princip är applicerbar i våra liv? Precis som racing, handlar livet mindre om att köra felfritt och mer om vår förmåga att kunna återvinna kontrollen när en sladd inträffar. Både du och jag vet att utmaningar och prövningar kommer att inträffa. Så fort vi ändrar vårt fokus i livet så sätts en livets riktningsförändring igång. Samtidigt är det bra att komma ihåg läxan om fördröjningstid. När vi beslutar oss för att förändra något i våra liv är det viktigt att beakta farten vi har byggt upp åt ett visst håll. Ju högre fart vi byggt upp åt ett visst håll desto längre tid tar det innan våra däck får grepp och förändring blir märkbar. Kom ihåg, det är inte däcken (materiella resurser) som bestämmer om bilen kommer på rätt köl igen. När du ändrar ditt fokus och styr dithän så kommer du oavsett däck och underlag tillslut få grepp och kunna ändra riktning.

Kan vi känna igen detta vårt eget liv? Ibland hör vi någon säga, "Hallå, jag har faktiskt tränat i två månader nu men jag ser fortfarande inga resultat". Det kallas fördröjningstid min vän. Om du gjort på ett visst sätt i 25 år , då har du även byggt upp en väldans massa fart åt det hållet. Ju högre fart vi har åt fel håll ju längre är fördröjningstiden. Faktum kvarstår, så fort vi ändrar vårt fokus och ändrar riktning så kommer vi tids nog få fäste, även på is.

Precis som den nye förarens initiala reaktion, att fokusera på den skrämmande väggen och tänka "inte krascha, inte krascha" tenderar många av oss att fokusera på det vi är rädda för. Vi fastnar i så kallade "kraschtankar", till exempel "tänk om jag prövar men det inte fungerar", "tänk om den här relationen slutar med att vi båda blir sårade", "vad händer om jag inte klarar att ro det här projektet i land" eller "tänk om människor aldrig kommer se hur begåvad jag är". Det vi väljer att fokusera på kommer vi alltid få mer av. Det du fokuserar på kommer att bli din emotionella upplevelse.

> *"Den som söker den finner"*
> – MATTEUS 7:7

Oavsett vad vi söker, kommer vi hitta det. Hemligheten är att det är vi som bestämmer vad vi ska söka efter. Du är som en kamera. Du väljer vad du vill fokusera på. Om vi fokuserar på allt som är fel i en situation så kommer vi hitta massa saker som är fel och vi kommer må i enlighet med det. Om vi istället fokuserar på det som är bra i en svår situation kommer vi hitta mer av det och må i enlighet med det. Att fokusera på allt vi inte har eller inte kan kontrollera är den perfekta strategin för att uppleva smärta i livet. Att fokusera på det vi är rädda för kommer göra oss mer rädda, medan fokusering på det som får oss att känna oss trygga kommer stärka upplevelsen av trygghet. Nyckeln är att genuint fokusera och genuint söka efter det som stärker oss. Detta är lika teoretiskt hållbart som praktiskt. Pröva cykelövningen igen, trampa med hög fart in i en kurva och fokusera på allt du inte vill köra in i. Du kommer vara tvungen att bromsa eller så kommer du krascha. Du bestämmer till 100 procent vad du ska fokusera på. Det bästa du kan göra är att hitta ett stärkande fokus som bygger upp dig och driver dig framåt. Om du är som jag, tänker du kanske, det är inte så lätt alltid att styra mitt fokus, hur gör jag praktiskt? Bra fråga!

I varje situation, oavsett vad som händer så kan vi alltså alltid välja vad vi ska fokusera på. Vi väljer vårt fokus genom att medvetet eller omedvetet ställa frågor till oss själva. Egentligen består hela människans tankeverksamhet av att vi ställer och svarar på frågor till oss själva t.ex. är jag hungrig? Är detta kärlek? Vad ska jag göra nu?

Om vi ställer improduktiva eller ogenomtänkta frågor till oss själva, då kommer resultatet bli ett fokus som gör oss improduktiva då vi istället kunde vara konstruktiva. Ett exempel skulle kunna vara om vi inte får den där löneförhöjningen vi vill ha. Vid sådana tillfällen är det lätt att omedvetet ställa improduktiva frågor till oss själva, frågor i stil med; tycker min chef att jag är sämre än Anna och Pelle? Eftersom vår hjärna är världens snabbaste maskin så kommer den blixtsnabbt ge oss ett svar. Eftersom vi ställer en relativt dålig fråga som innehåller ett negativt antagande så kommer vår hjärna ge oss ett relativt dåligt svar och därmed resultera i ett fokus som sänker oss. Svaret vår hjärna ger oss kanske låter såhär: "Min chef funderar säkert på att sparka mig". En dålig fråga resulterar i ett dåligt svar som i sin tur ofta leder till en spiral av försvagande och negativa tankemönster. Helt plötsligt på grund av en improduktiv fråga så lever vi nästkommande tre månader i en "verklighet" präglad av oönskade känslor. Det gör oss nervösa och stressade och vi väljer att börja gå "the safe way" istället för att vara modiga och kreativa. När vi får idéer så håller vi låg profil istället för att bidra. Vårt självförtroende i relation till chefen vacklar och vi blir som rosa möss. Mycket riktigt, tre månader senare så blir vi inkallade till chefens kontor och hen säger " Jag är hemskt ledsen men företaget måste göra sig av med alla rosa möss". I sådana situationer är det lätt att skylla på den dåliga chefen eller dåliga tiderna, när kraschen i själva verket föranletts av frågorna vi ställt oss själva.

Vad hade kunnat vara ett mer stärkande sätt att agera i samma situation? Låt oss titta på situationen igen. Vi får samma besked gällande löneförhöjningen, avslag. Vårt inlärda beteende och initiala reaktion är fortfarande att vi ställer en fråga i stil med "tycker min chef att jag är sämre än Anna och Pelle?". Istället för att sätta igång en krashprocess, stannar vi nu upp och ställer oss själva en bättre fråga. Eftersom en bättre fråga leder till ett bättre fokus så frågar vi oss själva "vad är det som är superbra med det här?" eller "vad kan jag lära mig av det här". I en jobbig situation kan dessa frågor låta aningen extrema och det må hända, men "extrema" frågor hjälper vår hjärna att ge oss extremt konstruktiva svar. Just i denna situation kanske vi skulle få ett svar i stil med " hmm, intressant. Min chef verkar se en löneförhöjning som en utgift snarare än som en investering. Det kan jag ändra på genom att bidra med större mervärde än vad jag hittills gjort". Kan ett sådant svar få oss att börja tänka lite mer konstruktivt? Självklart! I början vet vi kanske inte riktigt hur vi ska kunna bidra med mervärde, så vi fortsätter ställa oss själva smarta frågor som kan hjälpa oss att lista ut det.

"Ask and you shall receive, so make sure to ask intelligently."
- JIM ROHN

Vi alla vet att problem egentligen bara är obesvarade frågor. Lösningar kommer när vi ställer lösningsorienterade frågor. Vad tror du hade hänt om vi under de nästkommande tre månaderna fokuserade på företagets olika utmaningar och ställde frågor till oss själva som, "vad kan jag göra här för att bidra med lösningar?" Att göra oss själva till en del av lösningen kommer göra att vi känner att vi har en central roll i företaget. Efter tre månader blir vi däremot inte inkallade till chefen, så vi bestämmer oss för att själva ta initiativet och kliver in på hens kontor och presenterar en intelligent, kostnadseffektiv och genomförbar plan för hur man skulle kunna lösa utmaningen som chefen själv presenterade på senaste styrelsemötet. Hade vi blivit mer värdefulla för vår chef om vi blev en person som presenterade alternativa lösningar? Hade chanserna till en löneförhöjning ökat? Och ännu viktigare hade ett sånt här sätt att tänka och agera gjort att vi utvecklas och börjar hantera svåra situationer bättre? Självklart.

Måste vi verkligen ställa fruktbara frågor när vi upplever känslor som oro och sorg? Det behöver vi naturligtvis inte. Målet är inte, att aldrig känna oro och sorg utan snarare att utveckla förmågan att inte behöva sitta fast i känslor som vi inte vill ha. Jobbiga känslor upphör att vara oövervinnerliga problem när vi förstår att de först och främst är resultat av vårt fokus. Första steget till att uppleva de känslor vi vill ha mer av är därför att ändra vårt fokus. Detta skiljer sig från positivt tänkande. Naturligtvis fyller positivt tänkande en viss funktion, men att skutta omkring i sin trädgård och sjunga "det finns inget ogräs, det finns inget ogräs" kommer inte göra att man blir av med ogräset. Intelligens däremot, handlar om att förstå hur saker fungerar och agera i enlighet med det. En intelligent person som har ogräs i sin trädgård tänker inte bara positivt, en intelligent person som vill ha en välmående trädgård förstår att nyckeln är att se ogräset, förstå att det måste ryckas upp och ersätta det med växter hen vill ha. På samma sätt kan vi ersätta frågor som försvagar oss med frågor som stärker oss. Ett underbart liv förutsätter att vi har ett fokus som stärker oss. Det startar med att ställa bättre och lösningsorienterade frågor.

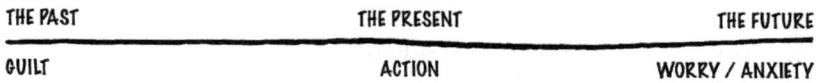

THE PAST	THE PRESENT	THE FUTURE
GUILT	ACTION	WORRY / ANXIETY

Bild: SImeon From

Vad föredrar du att fokusera på?

- Ditt förflutna - Jobbiga saker som du inte kan göra något åt eftersom det redan har hänt. Min erfarenhet är att det ofta resulterar i skuld.

- Framtiden - Den kan du faktiskt inte kontrollera. Ett överdrivet framtidsfokus kan leda till oro och ångest vilket gör att vi riskerar att bli handlingsförlamade.

- Nuet - Det är det enda som du kan förändra och påverka. Genom att fokusera på något vi kan göra i nuet kan vi rätta till felsteg i det förflutna och sakta börja bygga ett liv som kommer resultera i en ljusare framtid.

> *"Where focus goes energy flows"*
> -TONY ROBBINS

Vi fokuserar alltid på något. Stanna upp en stund och tänk på en situation som du tycker är jobbig. Gör det nu! Fundera sedan över följande frågor: Vad fokuserar du på när du tänker på den jobbiga situationen? Fokuserar du på allt hemskt som kan hända eller på vad du vill ska hända? Fokuserar du på vad du har eller inte har? Fokuserar du på vad du kontrollera eller inte kontrollera?

Närhelst en människa fokuserar på vad som saknas, vad man inte kan kontrollera eller jobbiga saker som kan hända eller har hänt så resulterar det i känslor som tomhet, frustration och smärta. Om vi inte äger vårt fokus så kommer omständigheter börja äga oss. Gör nu tvärtom och tänk på en situation där du mådde riktigt bra. Gör det nu! Fundera sedan över följande fråga: Vad fokuserar du på i den situationen?

Den goda nyheten är att vi kan ändra vårt fokus på ett ögonblick. Precis som vi gjorde för att lära oss knyta våra skor så är nyckeln till ett stärkande fokus träning. Fokus är en som en muskel, ju oftare vi tränar oss själva att fokusera på allt vi har och är tacksamma över, allt som är möjligt och allt vi kan göra, ju lättare kommer det bli. Vår fokusmuskel utvecklas genom konstant träning. När vi börjar se resultatet av att välja ett stärkande fokus så kommer vi bli beroende. Kom ihåg, det är inte omvärlden som behöver förändras för att vi ska må bra, det är när vårt fokus på omvärlden förändras som vår upplevelse av omvärlden förändras. *Det andra beslutet* som vi alltid har makt att fatta är...

Vilken BETYDELSE vi ger

I varje situation har vi även makten att bestämma vad saker och ting ska BETYDA. Betydelsen vi väljer att ge händelser och situationer kommer resultera i vilka känslor vi får och vart vi spenderar vårt liv emotionellt.

Ta en minut och svara på följande frågor: Känner du någon som har mycket pengar men som inte är speciellt glad? Känner du någon som har lite pengar men som är väldigt glad? Känner du någon som ogillar snö? Känner du någon som älskar snö? Vad är skillnaden? Skillnaden är betydelsen de ger. Betydelserna är skillnaden mellan en person som verkar ha allt men som är bitter och besviken och en person som gått genom helvetet och ändå lyckas vara kärleksfull och tacksam.

Kan en person som per definition är rik kommunicera till sig själv betydelsen att hen inte har nog? Självfallet. För den ena kan snö betyda mörker och kyla medan för en annan kan snö vara en möjlighet att dricka varm choklad, värma sina vänner, tända en brasa och åka skidor. Återigen, det är inte händelserna i sig som bestämmer hur vi mår utan betydelserna vi ger händelserna. Det som kontrollerar människors upplevelser och känslor i en situation är inte situationen i sig utan betydelsen som dem associerar med händelsen. Som vi sagt tidigare, inget har en betydelse i sig själv utan allt får den betydelse som vi väljer att ge.

Exempelvis, vilken betydelse tror du att en överviktig person ger gymmet?

Troligtvis en betydelse som gör att hen känner sig oinspirerad att gå dit. I coachningen av överviktiga personer har jag upptäckt att de vanligtvis ger gymmet betydelser som "slöseri med tid", "stress" och en plats för "snobbar". Däremot, i mötet med vältränade personer har jag lagt märke till att de ofta ger gymmet betydelser som "livsförsäkring", "ett bra sätt att hantera stress" och "power station". Samma gym olika betydelser, samma gym olika känslor. Olika känslor resulterar i olika beteenden, olika beteenden resulterar i olika resultat och resultaten blir våra liv.

I en relation till exempel, skulle vi känna och agera annorlunda om vi valde att ge relationen betydelsen "detta är slutet för oss", kontra om vi ger samma relation betydelsen "detta är början på något nytt"? Om vi får sparken eller går i konkurs, skulle vi känna och agera annorlunda om vi gav situationen betydelsen "Jag ska aldrig ta några risker igen" kontra "Detta sker för att jag ska lära mig något och en chans för mig att växa som businessman/ woman?" Jag säger inte att det ena sättet är rätt eller fel, jag säger bara att vi alltid har valet att ge händelser en betydelse som stärker oss eller en betydelse som försvagar oss. Betydelserna vi ger begränsar oss eller skapar möjligheter.

För en stund sedan läste jag en artikel om en man vid namn Mike Coots. Mike är en surfare från Hawaii som en dag blev attackerad av en haj och fick sitt ben avbitet. Historien om Mike Coots som fick möta dödens käftar och betala med sitt ena ben låter naturligtvis som en skakande historia. Det fascinerande med historien om Mike är att han efter den initiala smärtan och vistelsen på sjukhuset utvecklade en passion för att rädda hajar. Än idag kämpar han för hajars rättigheter och har drivit flertalet kampanjer mot försäljning av hajfenor.

För de flesta människor skulle ett förlorat ben vara en legitimerad anledning att bli minst sagt bitter och besviken. Varför? Svaret ger sig själv, han hade ju förlorat sitt ben och kanske till och med sin framtid som surfare. Det intressanta med Mike var just betydelsen han valde att ge händelsen. Han gav händelsen betydelsen att det inte var hajens fel utan att det var han som "var på fel ställe vid fel tidpunkt". Vidare så förstod han att människor i området skulle vilja rensa närliggande vatten från hajar, vilket i sin tur skulle betyda att hans olycka kunde bli orsak till att en hel hajpopulation utplånades. Den slutgiltiga betydelsen som Mike Coots gav situationen var att han hade makten att rädda en hel haj-population. En situation som kunde ha betytt slutet, betydde nu början på ett liv med mening och syfte för Mike.

Om samma sak hade hänt dig och mig vilken BETYDELSE hade vi gett situationen? Att vi var handikappade för resten av livet, att ingen skulle se oss som attraktiva eller att livet var orättvist? Det är inte lätt att välja en stärkande betydelse i alla situationer, men det gör det inte mindre sant att vi i varje given situation kan göra det. Mike bestämde sig för att ge en situation som hade kunnat betyda trauma och förlust en BETYDELSE som resulterade i mening och livsuppdrag. Han lär oss att valet av BETYDELSE ligger hos oss.

"Det är inte livets händelser som får oss att känna som vi gör,
det är betydelserna vi ger händelserna."
– TONY ROBBINS

Om vi tänker efter, är det verkligen blöt hudvävnad vi strävar efter när vi vill kyssa någon? Nej, såklart inte, då hade vi ju lika gärna kunnat kyssa ett vildsvin. Anledningen till att vi vill kyssa en person är för att vi gett kyssen en betydelse som resulterar i känslor som passion, glädje eller kärlek. Det är inte kyssen i sig, utan vad vi associerar kyssen med. När vi känner fjärilar i magen är det på grund av att vi har vissa regler i vårt huvud som säger, "när jag kysser en person som ser ut på ett visst sätt, doftar på ett visst sätt, talar och tänker på ett speciellt sätt, rör mig på ett visst sätt, då betyder det att jag är förälskad". Betydelserna vi ger händelser avgör våra känslor och våra känslor blir vår upplevelse.

När vi förstår att det är betydelserna vi ger som bestämmer hur vi känner oss kan vi förändra våra upplevelser och möten med andra människor. Vår upplevelse av livet förändras när betydelserna vi ger förändras. När vi upplever besvikelse, sorg, ilska eller frustration så fråga kan vi alltid fråga oss själva: "vilken betydelse har jag gett denna händelse?". Till exempel i fallet med Mike Coots, kan det vara så att vissa människor faktiskt ser honom som en invalid och en handikappad loser? Ja, självklart. Å andra sidan, skulle en sådan betydelse hjälpa Mike att leva ett rikt och meningsfullt liv? Absolut inte.

Vi kan inte alltid kontrollera vad som händer MED oss men vi kan alltid lära oss att ta kontroll över vad som händer i oss (dvs hur vi känner). Det gör vi genom att välja att FOKUSERA på det vi vill ha mer av och ge händelser och situationer en stärkande BETYDELSE.

Det tredje beslutet som vi också har absolut kontroll över är…

Vad vi väljer att GÖRA

Vad vi väljer att göra i situationer avslöjar ofta vilket fokus vi haft och vilka betydelser vi gett situationen eller händelsen. Eftersom vi alltid kan bestämma över vårt fokus och vilka betydelser vi ger så blir det också tydligt att det är möjligt att styra våra handlingar. Våra handlingar är resultatet av vårt fokus och betydelserna vi ger.

För några år sedan gick min mormor bort och dagen kom då begravningen skulle äga rum. Släkten hade tagit sig långväga för att ansluta till begravningsceremonin och säga adjö till vår älskade mamma, mormor och vän. Ceremonin var högtidlig och rummet fylldes av vördnad och respekt för livets skörhet. Efter att prästen delat några minnesvärda ord från bibeln så var det nu dags för en sång som mormor hade önskat skulle sjungas på hennes begravning. När dem första tonerna ekade mellan kapellets tjocka stenväggar var ögonblicket inne. Vi kände alla hur halsen började tjockna och gråten komma krypande. I respekt satt jag med huvudet böjt. I slutet av sången lyfte jag min blick och såg mig omkring. Jag såg min mamma, vacker i sin svarta kjol och stilfulla kavaj och tårarna rinnandes längs kinderna. Längre bort på min bänkrad satt min moster och min syster även dem kämpandes med gråten och sorgen över att mormor inte fanns bland oss längre. Medan jag lät blicken svepa över människorna i kapellet fastnade jag vid en ung man som satt och log. Det var min bror. Rak i ryggen, med ett leende från öra till öra och ögon som glimmade såg han inte ut att bry sig det minsta om att mormor var borta och att vi aldrig mer skulle få se henne igen. Efter ceremonin och jordfästningen kom han fram till mig och sa, "visst var det vackert."

Efter att ha pratat med min bror framgick det varför han hade suttit och lett. Medan vi andra fokuserade på att vi förlorat en av våra dyrbaraste familjemedlemmar, så fokuserade min bror på alla vackra stunder och allt han lärt sig av mormor. Medan vi andra gav mormors bortgång betydelsen att vi aldrig skulle få se henne igen, valde min bror betydelsen att detta var en gåva och en chans för familjen att komma närmare varandra. De flesta av oss gjorde detta till ett ögonblick av sorg där vi grät och tyckte synd om oss själva men min bror gjorde något annat. Han valde att se sin roll i att stötta, trösta, älska och växa som människa.

När vintern kommer har vi alla valet frysa ihjäl eller välja att komma tillsammans och värma varandra. Efter att vi valt fokus, tillskrivit en betydelse så har vi alltid valet bestämma vad vi ska GÖRA.

På samma sätt och för inte så länge sen dog en ung man i min kyrka. Bara 25 år gammal så gjorde kampen mot cancer att Davids kropp inte orkade mer. På kvällen samma dag hölls en minnesgudstjänst där 50-talet församlingsmedlemmar samlades för att hedra minnet av en ung, företagsam glädjespridare. Jag gick in i kyrkan och satte mig. Längst fram i kyrksalen glittrade ljusen stilla och lyste upp minnesfotot av David. Så förväntansfull, orörd av livet och inte ont anande.

Efter ett tag lade jag märke till en man på andra sidan av kyrksalen. Precis som jag satt han ensam, så jag bestämde mig för att gå och sätta mig bredvid honom. Efter att ha introducerat mig och vi båda berättat hur vi kände David började mannen koka över av frågor. Hur kunde Gud göra såhär? Hur kan livet vara så grymt? Varför skulle Gud välja att avsluta en ung mans liv såhär tidigt? Hans missmod var påtagligt och hans ögon var fyllda av sorg och besvikelse. Jag vände min blick mot fotografiet för att titta på bilden av David igen. Så glad, så stark och så fin.

Runt omkring oss satt människor som knappt kände varandra och kramades. Folk som aldrig utväxlat ord samtalade om meningen med livet. Då kom det till mig, David hade gett oss en av de största gåvorna en människa kan få. Något som en präst aldrig skulle kunna utrycka i ord. Känslan av perspektiv. Att inse att inget vi har är att ta för givet. Att allt vi har just nu är vårt att förvalta. Ingen gudstjänst i världen skulle kunna ha gett oss det David gav oss. Jag bad en stilla bön för David, hans familj och samtidigt kände jag mig så tacksam för mitt eget liv. Davids bortgång må ha varit en tragisk händelse på många sätt. Men jag är säker på att om vi frågat David idag vad han vill att hans död skulle få betyda för oss som lever kvar så är det inte att låta sorgen ta vår glädje ifrån oss. Inte låta våra frågor resultera i tvivel utan snarare påminna oss om att leva livet fullt ut. Värna om det vi fått, om de våra och förvalta vårt liv som om varje dag vore den sista.

Dödsfall, olyckor, sjukdomar och plötsliga "förluster" är stunder då vi ofta har svårt att förstå varför de har skett. Skillnaden mellan människor som "går under" och människor som tar sig igenom ligger i vad de väljer att göra med det som händer. Svåra tider är inte reserverade för speciella personer. Vi upplever alla stunder av prövning och situationer då det känns som om allt omkring oss rasar. Frågan är, vad vi väljer att göra? Låter vi livets oönskade händelser isolera oss från andra människor och låter vi det bryta ner oss eller tar vi chansen att upptäcka livets djup, fördjupa våra relationer och utveckla framtidstro. Det ena sättet att handla kommer göra att vi sakta men säkert tynar bort, medan det andra sättet att handla kommer göra att vi kan utforska livets djup och växa som människor.

ATT TA MED OSS

Kvalitén i ditt liv är resultatet av tre beslut som du medvetet eller omedvetet fattat i varje situation. Beslut gällande vad du ska fokusera på, vad det betyder och vad du ska göra. Dessa tre beslut avgör kvalitén i våra liv, hur vi mår och hur vi känner.

För en person som upplever oönskad stress eller depression kan medicin kanske döva smärta och bidra med kortsiktig lindring, men så länge personen behåller ett destruktivt fokus och fortsätter ge sin situation en hopplös betydelse kommer upplevelsen av livet aldrig bli bättre. Ett underbart liv blir först möjligt när vi lär oss fatta nya beslut gällande vad vi fokuserar på, vilken betydelse vi ger och vad vi väljer att göra.

Framgångsrika människor inom alla livets områden har lärt sig att det inte är det som händer i våra liv som avgör hur vi mår, utan vad vi gör med det som händer.

KAPITEL 3

VAD BETYDER VÅRA KÄNSLOR EGENTLIGEN?

KONSTEN ATT FÖRSTÅ OCH KOMMUNICERA VÅRA KÄNSLOR

Kl är 20:00 och den majestätiska afrikanska solen är sakta på väg ner. Trots att dagarna är stekheta så gör regnsäsongens intåg att det börjar bli svalare på kvällarna. Jag befinner mig i en av Kenyas vackraste men också fattigaste provinser, Nyanza. Efter ytterligare en hård dags arbete känner jag mig för första gången på fyra månader aningen trött och sliten. Lederna gör ont och en blyg huvudvärk börjar knacka på. Avfärdande tar jag en huvudvärkstablett och gör att det snabbt känns lite bättre men jag bestämmer mig ändå för att gå och lägga mig. Jag sluter mitt håliga myggnät omkring sängen och somnar snart in.

Efter bara någon timme så vaknar jag upp i sjöblöta lakan. Febern rasar, jag är varm som en kakelugn och har outhärdlig huvudverk. I en febrig dimma kliver jag upp för att gå ut till köket, dricka och ta ytterligare en huvudvärkstablett. Det kyliga stengolvet är kallt mot mina stekheta fotsulor medan jag vinglar fram genom mörkret mot vattendunken i köket. Väl framme i köket så börjar jag på en sekund frysa som aldrig förr. Svettdropparna på min förut varma kropp blir till isvatten som rinner längs ryggraden. Jag tar mig till sängen igen. Utrustad med en extra filt och en varm tröja lägger jag mig i dem blöta lakanen. Huvudvärkstabletterna börjar snart värka och jag somnar in. Natten blir lång och orolig och jag kastas mellan Hades outhärdliga hetta och Nordpolens bitande kyla. Huvudvärkstabletterna lindrar den värsta smärtan.

När morgonen gryr så väcks jag av änglalik fågelsång och mitt tillstånd är som förbytt. Jag är frisk tänker jag, tacksam över att det är över. Vilken natt! Inte ont anande så skulle nästkommande natt bli likadan. Kämpandes mot hallucinationer och feberns fasta grepp, fäktades jag med mitt enda vapen, huvudvärkstabletterna.

Följande dag beslutade jag mig för att uppsöka en klinik i området. Det visade sig att jag hade fått malaria. Jag var tvungen att ta mig till en närliggande by för ytterligare tester efter vilka de kunde fastställa min malariadiagnos. Efter ytterligare en natt pendlandes mellan is och eld fick jag behandling och kom snart på fötter igen.

Malaria behöver inte vara mer allvarligt än att du blir frisk ganska snabbt efter behandling. Faran uppstår när man behandlar symptomen och inte själva orsaken, då kan sjukdomen snabbt växa sig stark och i värsta fall orsaka död. Min räddning blev att jag fick reda på vad mina symptom var ett yttryck för, först då kunde jag behandla orsaken. Läkarna på sjukhuset berättade för mig att huvudvärkstabletterna som jag använt mig av för att uthärda symptomen var det som kunde fått mig att råka illa ut. Det jag hade använt för att lindra smärtan hade möjliggjort för sjukdomen att frodas inom mig.

Precis som vi inte kan bli friska från malaria genom att behandla febern och frossan kan vi heller inte åstadkomma långsiktigt emotionellt välmående genom att behandla våra känslor. Feber och frossa är aldrig orsaken till att vi mår dåligt, de är bara symptom på det verkliga problemet. På samma sätt är det inte våra känslor som är problemet utan de är endast symptom på en underliggande orsak. Nyckeln till att bli känslostark och emotionellt välmående handlar om att förstå vad det är som orsakar våra känslor och börja ta kontroll över den processen.

KÄLLAN TILL OÖNSKADE KÄNSLOR

Viktor Frankl var psykologen som överlevde helvetets eldar Auschwitz. I sin bok "Livet måste ha mening" lyfter han fram vikten av människans inre kommunikation. I hans berättelser från Auschwitz möter vi några av hans medfångar som minst sagt gick in i väggen, människor som stängde av känslomässigt, sakta men säkert antog döda tillstånd och tillslut dog fysiskt. Samtidigt berättar han om medfångar som mitt i helvetet fortfarande kunde skratta, bjuda på sig själva och istället för att roffa åt sig delade med sig av sina sista brödskalkar och sin vattniga soppa. Viktor Frankl liksom så många andra framgångsrika människor före oss lär oss att det inte är omständigheter och andra människor som avgör hur vi mår och agerar utan hur vi väljer att kommunicera omständigheterna till oss själva.

"Kvalitén i din kommunikation avgör kvalitén i ditt liv"
-TONY ROBBINS

Hittills har vi lärt oss att våra känslor är resultat av vår inre kommunikation, nämligen besluten vi fattar om vad vi ska fokusera på, vad händelser betyder och vad vi ska göra. Om vi behåller ett destruktivt sätt att kommunicera vårt liv, vår arbetsplats eller våra relationer på, så spelar det ingen roll om vi åker på semester, tar tjänstledigt eller skiljer oss, så länge vår kommunikation förblir densamma kommer känslorna förbli samma. Om vi däremot lär oss av människor som Viktor Frankl och utvecklar kommunikationen med oss själva, så verkar det som om att vi till och med kan hitta livsmening på en plats som Auschwitz.

Så hur kan vi hantera våra oönskade känslor på ett sätt som gör att vi kan uppleva frihet och välmående, men även få människor i vår omgivning att må bra? Nedan följer sex av de mest vanliga sätten att hantera oönskade känslor. Vilket tycker du verkar mest fruktbart?

Undvika

Somliga av oss försöker att inte känna oönskade känslor överhuvudtaget. Istället för att behöva känna oss avvisade, besvikna eller frustrerade, är det vanligt att börja undvika vissa människor och situationer som vi tror är orsaken. I "undvikandet" av oönskade känslor blir livet smalt. Vi blir skeptiska och slutar tro. "Undvikelsestrategin" gör livet ytligt och det blir ofta svårt att utveckla intima relationer.

Dela och jämföra

Somliga människor delar och jämför hur dåligt de mår, det kan låta ungefär såhär "Tycker du att din dag har varit dålig, vänta tills du får höra om min." Många av oss älskar att dela med oss av våra oönskade känslor, det får oss att känna samhörighet med andra och vi slipper må dåligt ensamma.

Uttrycka

Detta är när vi uttrycker allt vi känner. Vi konfronterar människor med våra känslor och håller andra ansvariga för vad vi känner. Att uttrycka våra känslor så snart de dyker upp, kan verka som ett bra sätt att bli av med oönskade känslor, men är det verkligen det? Har du någonsin upplevt ett tillfälle där du agerat på dina känslor och sagt något som sårade, bara för att en stund efteråt fått reda på att du inte hade all information? Och hur många av oss gillar att ha fel? Istället för att ha fel kan vi till och med börja rättfärdiga vårt beteende och säga saker som, "Ok, du kanske inte gjorde det den här gången, men du brukar göra så". Att uttrycka det vi känner så fort vi känner det kan få oss att må bra i stunden, men om vi vill stärka våra relationer och må bra långsiktigt så är det inte att föredra.

Förtrycka

Detta är när vi kväver våra oönskade känslor och kallar det "emotionell kontroll". Men vad händer om vi kontinuerligt trycker ner våra oönskade känslor inom oss? Trycket ökar och så småningom riskerar vi att "explodera". Vi exploderar på grund av något som vi skulle kunna hanterat mycket effektivare i ett tidigare skede.

Uthärda

Istället för att ta reda på vad våra känslor betyder, låtsas vi att "det inte känns så illa". Vi kanske inte klagar öppet utan lagrar de oönskade känslorna inom oss. Detta skapar en giftig miljö inom oss. Snart börjar vi fokusera på hur hemska saker är och på hur hemskt människor behandlar oss. Detta synsätt leder vanligtvis till bitterhet.

I ljuset av detta, förstår vi att, undvika, dela, uttrycka, förtrycka och uthärda våra känslor inte är metoder som hjälper oss att ska skapa ett välmående liv för oss och andra långsiktigt.

Att lära sig

Detta är när vi lär oss av våra känslor. Vi strävar efter att förstå och lyssna på de meddelanden som våra känslor bär på och använda informationen till att förbättra våra liv

Alla våra känslor bär på meddelanden. Att lära oss av våra känslor är det första steget mot effektiv hantering av våra oönskade känslor. Att använda och lära sig av våra känslor är ett avgörande steg om vi vill kunna uppleva hållbart välmående och känslomässig frihet i våra liv.

Hemligheten till välmående är att kunna förstå och transformera våra känslors betydelser. Så länge vi ger våra känslor en oönskad betydelse så spelar det ingen roll om vi väljer att uttrycka dem eller hålla dem inne, en oönskad känsla kommer alltid tillbaka så länge vi behåller en oönskad betydelse. När vi förtrycker våra känslor behåller vi händelsers betydelser samtidigt som vi försöker ignorera hur de får oss att känna. Att transformera känslors betydelser handlar inte om att "hitta på" nya betydelser utan att förstå vad våra känslor egentligen betyder.

HUR UPPSTÅR VÅRA KÄNSLOR?

Våra känslors avgörande inverkan på våra liv gör det viktigt att förstå först och främst hur våra känslor uppstår. Våra känslor kan förstås som resultatet av vår hjärnas försök att tolka och namnge information som våra sinnen samlar in. Det fungerar såhär:

1. Varje sekund registrerar våra olika sinnen miljontals bit information om omvärlden (stimuli).

2. Den insamlade informationen blir till elektrokemiska impulser som triggar fysiologiska reaktioner i våra kroppar, vilket gör att vi upplever olika fysiologiska tillstånd. Dessa tillstånd är de vi kallar för emotioner

3. Det är inte förrän hjärnan ger dessa emotioner en betydelse som vi upplever en känsla. Kort sagt, våra känslor är resultatet av betydelserna vi ger de fysiska tillstånden vi upplever.

Detta förklarar hur två människor kan ha samma fysiska upplevelse men upplever två helt olika känslor, förklaringen är betydelserna de ger upplevelsen. Till exempel, två personer går på en rock konsert. För den ena så är konserten en himmelsk upplevelse medan för den andre är det en "highway to hell". Trots att det är samma volym på musiken, samma blixtrande strålkastarljus och samma rockande publik upplever de båda olika känslor. Den ena personen upplever frihet, adrenalin och gemenskap medan den andra kan uppleva obehag, skräck och klaustrofobi. Personernas känslomässiga upplevelse avgörs av betydelserna de ger det fysiologiska tillståndet de befinner sig i.

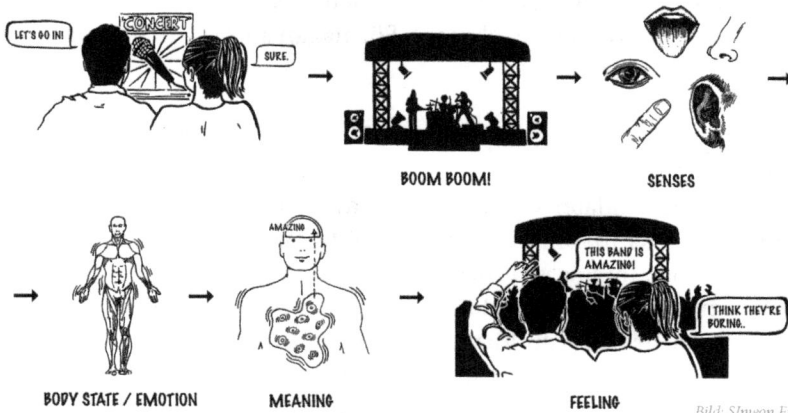

BOOM BOOM! **SENSES**

BODY STATE / EMOTION **MEANING** **FEELING**

Bild: Simeon From

Så uppstår våra känslor

Våra emotioner kan ses som fysisk aktivitet som objektivt går att mäta, medan våra känslor är mer subjektiva eftersom de är resultatet vårt personliga sätt att namnge våra emotioner. De namn vi ger våra emotioner blir våra känslor och våra känslor blir vår upplevelse. Med andra ord, det är inte händelsen i sig som får oss att känna som vi gör utan det är sättet vi namnger våra emotioner.

Intelligens(IQ) är ett begrepp som många av oss är bekanta med. I stora drag kan IQ ses som en måttstock på en individs förmåga till inlärning, förståelse av orsakssamband, abstrakt tänkande och effektivt utnyttjande av erfarenhet.

Länge betraktades IQ av forskare som den avgörande faktorn för att en person skulle kunna bli karriärmässigt framgångsrik, det var innan emotionell intelligens(EQ) fördes på tal. Begreppet EQ blev känt när forskare försökte förstå orsaken till att människor med medelhögt IQ presterade bättre karriärmässigt än människor med högt IQ (70% av tiden). EQ blev den förklarande faktorn. Så vad är emotionell intelligens? Det är ett mått på en människas förmåga att namnge och reglera sina känslor samt ta reda på vad sina känslor egentligen betyder. Personer med högt EQ brukar karaktäriseras av följande egenskaper:

1. Empatisk - Förmågan att relatera till och förstå människors situation
2. Utvecklad emotionell vokabulär - Förmågan att sätta fingret på vad de verkligen känner
3. Svåra att förolämpa
4. Öppna gällande förändring och flexibla i tider av anpassning
5. Självkännedom - Medveten om sina styrkor och svagheter. Använder sina styrkor och låter sig inte stoppas av sina svagheter
6. Bra på att läsa människor - De blir inte överraskade av människors beteende och förstår vad som motiverar människor
7. Balanserade - De vet vad de värderar och agerar i enlighet med det
8. Givare - de ger utan att förvänta sig något tillbaka
9. Inte perfektionist - De vet att perfektion inte existerar
10. Förstår tankens kraft - De lämnar därför inget utrymme för negativitet
11. Glada - Glädjen är rotad i vetskapen om att självvärdet är oberoende människor och yttre omständigheter

Emotionell intelligens är avgörande i all kommunikation. Personer med högt EQ har en utvecklad förmåga att kontrollera sina beteenden, hantera komplexa sociala situationer och fattar i större utsträckning beslut som leder till önskade resultat i deras liv.

Vår förmåga att förstå betydelsen av våra känslor gör de till tillgångar istället för ett hinder i interaktionen med andra. Därför är det viktigt att inse att all kommunikation med andra börjar med kommunikationen med oss själva. Återigen, sättet vi kommunicerar omvärlden till oss själva avgör hur vi mår, sättet vi mår kommer prägla sättet vi agerar, vilket i sin tur kommer avgöra våra resultat och våra resultat blir våra liv. Kort sagt, kvalitén på din kommunikation är direkt relaterad till kvalitén på ditt liv.

DINA ORD BLIR DINA KÄNSLOR

Att lära oss bemästra kommunikationen med oss själva (vår självkommunikation) är förutsättningen för att kontinuerligt kunna skapa mer av det vi vill ha mer av i våra liv. En stor del av vårt sätt att kommunicera med oss själva utgörs som sagt av att namnge våra emotioner (fysiska tillstånd).

Vi namnger våra emotioner genom att använda ord. Orden du använder för att beskriva dina emotioner blir dina känslor. Människor som saknar ord för att beskriva sina emotioner missförstår sina emotioner i större utsträckning vilket ökar risken till irrationella val och kontraproduktiva handlingar.

> *"Orden du talar skapar världen i vilken du lever"*
> –MAGGIE WARELL

Om du säger till dig själv "jag är så fruktansvärt arg och förnedrad" så kommer du troligtvis uppleva fruktansvärt mycket ilska och förnedring. Om du istället säger "jag känner mig lite missförstådd och skuffad" så kommer upplevelsen bli en helt annan, liksom dina handlingar. Orden vi använder för att beskriva våra emotioner avgör vad vi känner. Eftersom det är vi som väljer våra ord så gör vi bäst i att vara smarta med vilka ord vi använder när vi beskriver för oss själva vad vi känner. Är du otroligt irriterad eller otroligt fascinerad? Är situationen "upprörande" eller "intressant". Känner du skillnaden? Samma situation men olika sätt att namnge emotionerna, vilket resulterar i två olika känsloupplevelser. Vi väljer!

Enligt Svenska Akademiens ordlista består det svenska språket av ca 125.000 ord. Några hundra av dessa ord tjänar till att beskriva våra känslor. De flesta människor använder endast ett tiotal ord för att beskriva sina emotionella upplevelser. En studie utförd i amerikanska fängelser visade att fysiskt våld var ett av de vanligaste sätten att uttrycka smärtsamma känslor på hos fängelsefångar. Undersökningen noterade att de flesta känslor som påminde om obehag, ofta kanaliserades genom våldsamma utfall. Med andra ord, testgruppens begränsade förmåga att namnge och uttrycka sina känslor i ord gjorde att majoriteten av smärtsamma känslor klumpades ihop och beskrevs som "obehag" vilket oftast kanaliserades genom fysiskt våld.

Har du träffat en person som alltid verkar vara arg, frustrerad, stressad eller ledsen? En vanlig anledning till att människor kontinuerligt upplever samma känslor är att de använder samma ord för att beskriva olika emotionella upplevelser. Vi klumpar ihop olika upplevelser till en och samma känsla. Ju bättre vi kan beskriva våra upplevelser ju rikare känsloliv kommer vi att få.

NEGATIVA KÄNSLOR FINNS INTE

Hur gör vi då för att förstå och namnge våra känslor på ett mer uppbyggligt sätt? Ta nu fram ett papper och penna. Skriv längst upp på pappret "Negativa känslor" under rubriken skriver du ner fem känslor som du haft under den senaste veckan som du anser vara negativa. Gör det nu! Kom igen! Jag väntar på dig.

Nu när du skrivit ner fem "negativa" känslor som du haft under den senaste veckan så kryssar du för rubrikens första del, nämligen "Negativa" så att det bara står känslor. Första steget i att effektivt kunna använda våra känslor är nämligen att förstå att det inte finns några negativa känslor, *våra känslor existerar för att hjälpa oss*. Ett hälsosamt känsloliv förutsätter att vi lär oss av våra känslor och lär oss använda dem. Ofta ser vi våra känslor som något negativt utan att förstå att de bär på värdefulla meddelanden om hur vi kan agera för att må bättre.

Det är även viktigt att förstå att känslor inte ett substitut för logik, de är inte virus som vi måste skydda oss ifrån eller produkten av människors flum. Känslor bär på meddelanden om oss själva och finns till för att hjälpa oss att skapa bättre livskvalité. När vi börjar förstå meddelandet som våra känslor bär på så slutar de vara våra fiender bli istället våra allierade. De blir våra vänner, tränare och kommer kunna vara till hjälp i livets tuffaste och härligaste stunder. När vi lär oss att förstå vad våra känslor egentligen betyder behöver vi inte fastna i obehagliga känslor utan kan istället använda de för att förändra våra liv till det bättre. Detta är en färdighet som kommer göra att vi kan leva ett liv där omständigheterna inte avgör hur vi mår utan där vi själva kan bestämma hur vi vill må.

Alla våra negativa och jobbiga känslor är ett meddelande från vår hjärna att ändra något av följande saker:

- Sättet vi föreställer oss situationen
- Vårt agerande i stunden.

Precis som vi kan förstå vår kropp genom att studera dess struktur (anatomi), så kan vi förstå våra känslor genom att studera "våra känslors anatomi", närmare bestämt våra känslors uppbyggnad.

När hade du en smärtsam känsla sist? Var det efter ett bråk, när någon inte förstod dig eller när du upplevde tidspress? Mycket av de smärtsamma känslorna vi upplever i livet är i grund och botten orsakat av att vi känner oss mer eller mindre sårade och vi kan bara känna oss sårade om vi känner att vi förlorat något. *Kort sagt, våra smärtsamma känslor är rotade i känslan av förlust.* Vi kan känna att vi förlorat tid, kärlek, hopp, glädje, vårt värde, förtroende, tillit eller människors respekt. Ibland kan vi till och med känna att vi har förlorat saker som vi aldrig ens har haft, t.ex. jag förlorade min chans, min möjlighet eller mitt mål. Har du upplevt detta någon gång? Det kanske var en sommardag och vi hade föreställt oss vackert väder med sol och bad och istället blev det regn och rusk. Det blev inget strandbesök och plötsligt kommer känslan av att vi förlorat en sommardag. Men hur kan vi egentligen förlora något som vi aldrig haft? Det kan vi inte. För att uppleva att vi förlorat något måste vi kommunicera till oss själva att vi har förlorat något.

Har du någon gång hört någon säga, "Jag har tappat hoppet" eller "de tog min glädje". Är det inte intressant hur vi kan tro vi kan förlora något som skapas på insidan av oss? Om nu våra känslor är resultatet av en inre process, hur kan vi då egentligen förlora något som hela tiden finns tillgängligt inom oss? Svaret är: Det går inte. Den enda orsaken till att vi upplever och känner att vi har förlorat något är på grund av att vi gett det betydelsen "förlust". Många av oss har blivit skickliga på att skapa illusionen av förlust.

Till och med fysikens grundläggande insikter poängterar att ingenting kan försvinna (lagen om massans bevarande). Inget i hela universum kan förvinna, det byter bara form. Precis som vatten blir ånga och vi blir jord när vi dör. Rent fysiskt sätt kan vi därför heller egentligen aldrig förlora något. Vi kan transformera men inte förlora något.

Många av de smärtsamma känslor vi upplever är ofta orsakade av våra egna föreställningar om hur saker borde vara. Det är som att vi människor utvecklar "regler" för hur livet, vädret, trafiken och människor borde vara för att vi ska kunna vara glada. Närhelst dessa inte lever upp till våra förväntningar och regler så ger vi oss själva orsak att bli arga, ledsna och besvikna. Som när en anhörig går bort till exempel. Det är ett tillfälle då många av oss kan uppleva en påtaglig känsla av förlust. Men är det egentligen inte tvärtom, att varje minut som vi fick spendera tillsammans med personen var en minut vunnen. Smärtsamma känslor säger mindre om omvärlden och mer våra egna regler och förväntningarna vi har på omvärlden.

> *"Det enda vi kan förlora är vår egen*
> *föreställning om hur saker borde vara"*
> – NOAH FROM

Problemet är inte våra regler eller förväntningar i sig, utan snarare att vi ofta baserar de på hur vi tycker saker och ting ska vara istället för att förstår hur saker och ting verkligen fungerar. Att låta våra känslor styras utifrån hur vi vill att saker och ting ska fungera är lika intelligent som om en bonde sår frön ena dagen bara för att bli jätte arg dagen efter för att jorden inte producerat någon skörd. Nyckeln till välmående ligger alltså i att förstå hur "det" egentligen fungerar och agera i enlighet med det.

Hela universum är styrt av grundläggande lagar, såkallade naturlagar (till exempel lagen om gravitation, elektricitet och massans bevarande). På samma sätt lyder allt i våra liv under absoluta lagar, dessa lagar är något som filantropen Jim Rohn kallar " The Set Up". Vårt emotionella välmående säger mindre om verkligheten och mer om i vilken utsträckning vi förstår och agerar i enlighet med " The Set Up". Vi behöver inte gilla "The Set Up" men det bästa rådet vi kan ta till oss är "försök inte att lura det", det går inte. Bonden behöver inte gilla lagen om sådd och skörd, men om han vill skörda till hösten så behöver han lära sig hur den fungerar och agera i enlighet med den.

"KÄNSLOTRANSFORMERAREN"-HUR DU HANTERAR OÖNSKADE KÄNSLOR

Så hur går vi tillväga för att hantera känslor som ilska, stress, oro eller till och med depression? Hur transformerar vi våra känslor till något som kan hjälpa oss? Först och främst är det bra att komma ihåg att det är helt OK att känna och uppleva ledsamhet, oro, stress och depression. Däremot är chansen ytterst liten att sådana känslor kommer hjälpa oss att leva ett underbart liv om vi stannar kvar i dem.

Framgångsrika människor före oss har kommit på hur vi kan transformera våra "negativa" känslor till meddelanden som hjälper oss att skapa ett liv i välmående. Här kommer ett verktyg som jag valt att kalla "känslotransformeraren" (skapad av Tony Robbins och modifierad av mig) som utgörs av sex steg som vi kan börja tillämpa redan idag för att kunna ta vara på våra känslors dyrbara information. Känslotransformeraren är ett sätt att tänka. Ju fler gånger vi använder oss av känslotransformeraren ju lättare och mer naturlig kommer den att bli. Ta din tid, tänk efter och börja transformera dina känslor idag! *

* T. Robbins, Awaken The Giant Within, p. 251, New York: Summit Books 1991.

Välj en oönskad känsla som du brottats med på senaste tiden. För att transformera känslan till information som kan hjälpa dig följ nedanstående steg:

1. Identifiera vad känslan är för något- Nu är det dags att förstå och ta reda på vad du verkligen känner. När vi upplever en oönskad känsla börjar vi alltid med att ställa oss själva frågan: Vad är det jag egentligen känner? Vi har redan konstaterat att våra "negativa" känslor grundar sig i känslan av att vi är sårade, vilket i sin tur är grundat i känslan av att vi har förlorat något. Oavsett vilken oönskad känsla vi upplever så grundar den sig i känslan av att vi förlorat något.

2. Uppskatta känslan- När vi får en oönskad känsla behöver vi inte förtrycka den, dela med oss av den till andra, ignorera den eller känna oss dåliga för att vi känner som vi gör. Eftersom vi nu vet att våra känslor är till för att hjälpa oss så blir det naturligt att vara tacksam för det värdefulla meddelande som känslorna har till oss. Vi kan vara tacksamma eftersom det är ett meddelande om hur vi kan förbättra vår livssituation.

3. Bli otroligt nyfiken- När vi var barn så var vi alla som små detektiver. Vi ville veta allt. Nu är det dags att bli nyfikna som barn igen. När vi är nyfikna så blir vi mer öppna för ny kunskap. Börja med frågan: Vilket är det egentliga meddelandet som denna känsla försöker ge mig? Vad är det jag upplever att jag har förlorat? Upplever du att du förlorat kontrollen, din trygghet, möjlighet, andras erkännande eller känner du dig rädd att förlora något i framtiden? När vi har identifierat vad som är orsaken till känslan av förlust har vi valet att stanna kvar i känslan, låta den tortera oss eller lyssna och förstå vad vi kan göra för att bli av med den. Kom ihåg, våra känslor är alltid meddelanden om en av två saker: A) Ändra vår föreställning av situationen eller B) Ändra vårt sätt att agera i situationen.

4. Bli säker på att du kan hantera känslan- Nu när vi vet vad vi känner och vi vet vilket meddelande som känslan vill ge oss så är det viktigt att vi blir säkra på att vi kan hantera känslan. Detta kan vi göra genom att komma ihåg ett tillfälle i det förflutna då vi faktiskt lyckats hantera denna känsla på ett bra sätt. Många av oss är ofta väldigt duktiga på att komma ihåg alla tillfällen vi mått dåligt och är rädda att hamna där igen men det är viktigt att vi kommer ihåg tillfällen då vi lyckats hantera våra känslor på ett fruktbart sätt och använda de som resurser för att klara av liknande situationer i framtiden. Blunda om det behövs och kom ihåg en situation där du haft denna känsla och där du lyckades hantera den

på ett sätt som fick dig att må bra. Vad gjorde du? Vad behövde hända? Ändrade du ditt sätt att föreställa situationen eller ändrade du ditt sätt att agera? När vi ser hur vi lyckades lösa situationen så tränar vi vår hjärna att koppla denna känsla med en lösning.

5. Bli absolut säkra på att vi kan hantera samma känsla i framtiden- Nu är det viktigt att du tränar på att lösa en liknande situation i framtiden. Vår hjärna vet inte skillnaden mellan verklighet och det som den tydligt föreställer sig. Om du låter din hjärna repetera hur du kan hantera liknande situationer i framtiden så kommer din hjärna enkelt kunna hantera liknande situationer i framtiden. Att veta hur du ska hantera situationen i framtiden gör att du kan bli säker och trygg även i osäkra situationer. Välj en ny situation som skulle kunna få dig att känna dig på detta sätt i framtiden och se dig själv hantera situationen på ett sätt som får dig att må bra samtidigt som du uppnår ett önskat resultat. Nu när du ser dig själv lyckas fråga dig själv? Hur föreställer jag mig situationen? Hur agerar jag? Detta blir din strategi för hur du ska hantera en liknande känsla i framtiden.

6. Skapa ett underbart liv- Nu när du utvunnit informationen som din känsla bar på så finns det bara en sak som återstår, handling. Bestäm dig för att agera på informationen och du kommer upptäcka ett mirakel.

Följande steg fungerar för alla "negativa" känslor. Den perfekta strategin för att bli deprimerad är att stanna kvar i och förtrycka våra jobbiga känslor istället för att dra nytta av informationen de bär på. När vi väljer att förtrycka våra känslor och behålla negativa betydelser så kommer "negativa känslor" tillslut ta över och skymma vägen till ett underbart liv. Det är när vi stannar kvar i våra känslor som vi börjar tro att de är absoluta, att det inte finns något vi kan göra och inte någon väg ut. Genom att transformera våra känslor till meddelanden har vi möjlighet att alltid hitta tillbaka till en plats där vi kan må som vi vill oavsett omständigheter.

Känslotransformeraren är en metod som gör att vi inte behöver förtrycka våra känslor, det är ett sätt att terminera destruktiva betydelser och istället transformera våra känslor till något som kan hjälpa oss att hantera situationer bättre. I början kan detta kännas krångligt och tidskrävande men tro mig efter ett tag blir känslotransformeraren ett sätt att tänka. Känslotransformeraren är för alla de som vill öka sitt EQ och bli mer emotionellt intelligenta. Hur många gånger per dag hamnar vi inte i situationer där vi upplever känslor som vi egentligen inte vill ha. Vi blir irriterade i trafiken, i fikarummet på kollegorna eller på flygplatsen. Nu kan vi, om vi vill, lära oss att använda och transformera dessa känslor till meddelanden om hur vi ska agera för att hitta tillbaks till en plats av välmående igen.

Känslotranformerarens sex steg kan sammanfattas enligt följande:

1. Identifiera känslan - Vad är det egentligen du känner?
2. Uppskatta känslan -Alla dina känslor vill berätta något och hjälpa dig.
3. Bli nyfiken - Ta reda på vad känslo-meddelandet verkligen betyder.
4. Bli säker på att du kan hantera din känsla - Kom ihåg hur du hanterat situationen vid ett tidigare tillfälle.
5. Bli absolut säker på att du kan hantera situationen i framtiden genom att föreställa dig själv lösa liknande situationer i framtiden.
6. Agera på meddelandet du fått, förändra och förbättra ditt liv.

Ändrar vi en händelses betydelse kommer hela vår upplevelse av händelsen ändras. Kom ihåg, inget har en betydelse i sig utan allt får den betydelse som vi ger det! När vi blir emotionellt intelligenta förstår vi att betydelserna vi tillskriver inte är absoluta sanningar. Människor med högt EQ har därför utvecklat förmågan att i varje svår situation hitta alternativa betydelser genom att ställa sig själva frågan: Vad mer kan det här betyda? Detta hjälper vår hjärna att komma ihåg att vår initiala betydelse inte är absolut sann. När människor beter sig illa behöver det inte betyda att de vill oss något illa. Människor är inte deras beteenden. Har inte du någon gång betett dig illa mot någon, utan orsak, utan på grund av att du var stressad, trött eller hungrig? Det har vi alla. Saker och ting betyder inte alltid det vi tror att de betyder, så vi gör bäst i att välja betydelser som gör att vi mår bra medan vi tar reda på vad saker och ting verkligen betyder.

God extern kommunikation förutsätter god internkommunikation. Ju mer vi förstår våra känslor och meddelandena de har för oss, desto bättre kan vi namnge våra känslor och då även kommunicera våra känslor till andra utan att såra eller att själva bli sårade. Detta möjliggör att vi kan känna frihet i vårt sätt att kommunicera som få människor har upptäckt, utan att det behöver vara påklistrat.

Genom en enkel fråga kan vi alltså nästa gång, innan vi reagerar för kung och fosterland först ta reda på vad vilken betydelse vi gett situationen. Så nästa gång du får en känsla eller upplever något som får dig att känna dig arg, ledsen eller besviken, låt det bli en alarmklocka som gör att du ställer dig frågan: Vad mer kan det här betyda? För att ta reda på det så använder du dig av "Känslotransformeraren".

Till exempel, om du och din partner har bokat bord på en fin restaurang. Tiden går och partnern dyker inte upp. Plötsligt känner du hur det börjar koka inom dig och rätt som det är kommer du på dig själv med att vara arg på din partner som inte kommit i tid. När din partner efter 30 minuter dyker upp så snäser du irriterat och äter under tystnad. Varför sker detta? Naturligtvis på grund av betydelsen du gett situationen. Du har kanske lyckats ge dens sena ankomsten betydelsen att "något annat är viktigare än dig" eller att "hen inte respekterar er överrenskommelse". Kom ihåg, oönskade känslor rotar sig oftast i att vi känner oss sårade för vi upplever att vi förlorat något.

Istället för att fastna i en ond spiral av negativa känslor kan vi nu initiera en känslotransformation genom att ställa frågan: Vad mer kan det här betyda? På det sättet kan vi påminna oss själva om att alla "negativa känslor" egentligen är meddelanden som ber oss att förändra antingen vår föreställning av situationen eller vårt agerande. Men att ändra sättet vi tänker och betydelsen vi gett är inte alltid så enkelt att göra på egen hand. Vad gör vi när vi inte klarar av något själva? Tar hjälp av varandra naturligtvis.

Signaturen för mognad är ansvarstagande. Vårt mål är att ta ansvar för det vi känner samtidigt som vi får hjälp att förstå hur det egentligen förhåller sig, då skapar vi de bästa förutsättningarna att fatta beslut på. När vi förstår att det vi känner, inte nödvändigtvis behöver vara sant utan är något som vi själva skapat, kan vi kommunicera våra känslor på ett sätt som göra att vi varken behöver förtrycka de eller hålla de absoluta. Eftersom vi aldrig kan veta till 100 procent vad som är orsaken till vår partners agerande gör vi bäst i att ge betydelser som stärker oss. Att alltid utgå ifrån betydelsen "hen har agerat utifrån goda intentioner" gör det lättare att må bra medan vi samlar mer information. Det skulle kunna ser ut såhär. Din partner anländer sent till restaurangen, du hälsar, ni sätter er ner och när tillfälle ges så säger du:

> *"Älskling, jag behöver din hjälp. Jag lyckades tolka att du kom sent, på ett sätt som fick mig att känna mig oviktig. Jag vet att det inte är sant eftersom jag vet att du tycker jag är viktig och värdefull. Men jag behöver din hjälp, skulle du vilja hjälpa mig att förstå?"*

Övertydligt? Kanske, men väldigt effektivt. Genom detta sätt att kommunicera påminner vi oss själva om sanningen, det är faktisk vi som bär ansvaret för hur vi känner. Detta blir ett sätt att kommunicera där vi får utlopp för våra känslor på ett sätt som får oss att må bra, som skapar närhet, kontakt och får vår partner att känna sig betydelsefull. Vi får även en mer genuin bild av situationen, vilket bidrar till att vi på bättre grunder kan fatta beslut om hur vi ska agera. Ju oftare vi kommunicerar på ett sätt som påminner oss om att det är vi själva som är ansvariga för våra känslor, desto klokare kan vi handla gentemot andra människor. När vi blir bättre på att förstå våra känslor upphör de att vara ett hinder för oss, i våra relationer, på vår arbetsplats och i våra liv och blir istället instruktioner om hur vi kan höja kvalitén i våra liv.

Men behöver vi alltid ifrågasätta andra människors beteende? Inte alls, om vi blir bra på att transformera våra känslor och ändra situationers betydelse så kommer anledning att ifrågasätta människors beteenden att försvinna. Vår partners sena ankomst kan naturligtvis betyda att "hen inte gillar och respekterar oss", men vad händer om vi ger det betydelsen att "hen gör troligtvis sitt bästa med det hon har" eller "att det är en chans att fördjupa vår relation?". Makten att transformera våra känslor ligger i våra händer.

Har du någon gång glömt bort varför du kommunicerar medan du kommunicerar? Kommunikation kommer från latinets "communicare" vilket betyder "göra gemensamt". Effektiv kommunication handlar mindre om att uttrycka det man känner eller få rätt i sak utan snarare att skapa en gemensam bild och en samförståelse för situationen. Första steget i effektiv kommunkation mellan människor är att man först och främst tar ansvar för hur man kommunicerar situationen till sig själv.

Framgångsrik kommunikation mellan människor handlar om att bygga broar. Människors olika bakgrund, förståelse och vanor gör det viktigt att bygga broar mellan varandras kontexter. Det är som att vi kommer från olika "världar" och måste därför bygga broar mellan vår och andra medmänniskors världar. Kommunikation handlar inte om att övertyga andra om att vår egen värld är sann. Kommunikation handlar om att kunna tydliggöra sin egen värld samtidigt som man ber om mer information från medpartens värld. Därigenom skapar vi en gemensam bild och kan förstå och förhålla oss till varandra på ett bättre sätt i vårt mål att må bra.

ATT TA MED OSS

Precis som feber och frossa är symptom på en underliggande orsak är våra känslor symptom på en underliggande orsak. Våra känslor är orsakade av vårt eget sätt att kommunicera livet till oss själva. Vi kommunicerar med oss själva genom att ge händelser olika betydelser. Ingenting har en betydelse i sig självt utan får de betydelser vi väljer att ge. Betydelserna vi ger situationer, människor och händelser avgör hur de får oss att känna.

Känslor finns till för att hjälpa oss. "Negativa" känslor är inget annat än meddelanden om vad vi behöver göra för att hamna rätt igen. Om vi inte lär oss använda de praktiska meddelanden som våra känslor bär på så börjar vi snart tro att känslor sker bortom vår kontroll.

Känslotranformeraren är ett effektivt verktyg som hjälper oss att förstå våra känslor, deras meddelanden och hur vi kan använda dem för att förbättra vår livssituation. Hälsosamma relationer börjar med vetskapen om vad vi egentligen känner, varför och sedan hur vi kan ändra på det.

Vi är källan till allt vi känner och har därför tillgång till alla de känslor vi vill ha, närhelst och varhelst vi vill.

KAPITEL 4

ETT VINNANDE TILLSTÅND

NYCKELN TILL DINA INRE RESURSER

Det är alltså genom att ändra händelsers betydelser som vi kan ändra vårt sätt att må. Samtidigt vet vi att livet kommer bjuda på situationer när det inte alltid är lätt att ge betydelser som stärker, hur gör man då?

Under min ungdom arbetade jag på en biograf i Malmö. Det var en plats dit människor kom för att få drömma sig bort, resa till magiska platser och fly verkligheten för en liten stund. Min passion för storytelling gjorde att jag snabbt gick från popcornansvarig till att under större delen av min tid presentera och introducera filmerna för biopubliken innan de började.

Varje vecka var vår film repertoar full av nya spännande premiärer. Allt ifrån skrattvänliga kärlekskomedier, hjärtskärande drama, nervkittlande thrillers och actionfyllda äventyrsfilmer. Filmerna var många och varierade precis som publiken. Vissa filmer attraherade en äldre publik som lugnt och stilla åt sina popcorn medan de njöt av senaste kulturfilmen. Andra filmer tenderade att dra till sig testosteronfyllda, läskdrickande actionfans som ville höra pistolskotten smattra och se knytnävslagen hagla. Jag tog på mig uppdraget att oavsett publik, ge dem en "once in a life time" presentationsupplevelse.

Jag minns fortfarande när jag skulle hålla min första biopresentation. Inte ont anande så var min första presentation inför just en sådan där "testosteronpublik". Med den största biosalongen fullsatt, chipspåsarna prasslande och läsken flödande gick jag fram och ställde mig framför duken och strålkastarna riktades mot mig, "Mina damer och herrar välkomna till stadens bästa biograf! Ikväll så ska vi kasta oss in i ett äventyr på liv och död...". Resten av presentation blev inte riktigt som jag hade tänk mig. Den lilla osäkerheten som jag känt innan presentationen fick grepp och resulterade i att jag började staka mig och den briljanta presentationen som jag förberett blev istället till en vit, smal killes försök att vara rolig. Kort sagt, testosteronpubliken var inte imponerad. Kvittot på deras missnöje blev buu-rop och haglande popcorn, godis och karameller. Det var som i en film och nörden, den nya entusiastiske presentatören fick fly biosalen under beskjutning.

Nästkommande vecka var actionfilmerna i minoritet och jag trivdes med att få pensionärerna att mysa och må. Däremot så var stadens gator och reklampelare täckta av reklam inför en kommande biofilm som fick mig att inse att jag snart skulle ställas inför min största utmaning hittills. Filmen hette "Immortals". Filmen var berättelsen om en ung man utvald av Guden Zeus att besegra den makthungrige och blodtörstige kungen Hyperion och hans oändliga arme. Medan tv-reklamen utlovade en film fylld av muskler, svett och hjältemod visste jag att ytterligare ett krig mot en blodtörstig publik väntade.

Lördagen kom och det var dags för premiär. Jag hade förberett en presentation och var redo för allt som kunde tänkas hända. Mina kollegor var lika spända som jag. Denna sortens publik var ökänd. När reklamen i salongen var slut och ridån gick igen så var det dags. Plötsligt så tänkte jag "Är det krig jag ska in i så måste jag möta dem som en krigare" snabbt drog jag av mig min prydliga biografväst och rev av mig min stiliga skjorta och bad min kollega Felix hämta ett papperskorgslock medan jag själv utrustade mig med ett spjut, som i själva verket var ett moppskaft. Jag gjorde tio armhävningar medan jag hörde hur publiken började bli otålig. Jag kände mig mer redo än någonsin. Jag slängde upp dörrarna och stormade ner och intog scenen med mitt soptunne-lock och mitt moppskaft. "Mina damer och herrar, mitt namn är "Noaidis" och jag är biografens bästa krigare. Ikväll slänger alla sitt skräp i papperskorgarna och går ut genom att använda den bakersta utgången" kommenderade jag självsäkert. Publiken var i shock över den bleka, uppumpade presentatören som likt ett lejon rörde sig över scenen. Ett sorl började spridas bland biostolarna medan jag fortsatte. "Ikväll är alla i lokalen del av en och samma armé. Ikväll, är vi alla krigare. IKVÄLL ÄR VI IMMORTALS!!!" Det som följde gjorde att jag ryste i hela kroppen. Jag blev vittne till att en hel biosalong på 350 personer ställde sig upp och vrålade som om det vore inför livets sista strid och under deras jubel och glädjevrål stormade jag med fasta steg ut ur salongen.

SKILLNADEN I MÄNNISKORS LIV

Vad är skillnaden på situationer där vi upplever att vi gör bort oss och situationer där vi presterar på topp? Vi är ju samma person, med samma kapacitet och inre resurser. Skillnaden är *tillståndet* vi befinner oss i.

Kan du minnas ett tillfälle då allt gick fel, en händelse då det låste sig? Det kanske var ett affärsmöte, tennismatch eller ett tillfälle där du kände att du gjorde bort dig. En situation där du frågade dig själv "vad i hela friden hände?". I kontrast till det, kan de flesta av oss minnas ett tillfälle då allt bara flöt på och det kändes som att vi var i "flow"? Det kanske var ett tillfälle när vi utövade en sport eller levererade en toppen presentation. Vi såg saker som ingen annan såg, kom med lösningar som ingen tänkt på och kände oss som sheriffen i staden. Skillnaden var tillståndet vi befann oss i.

Vårt tillstånd (kort för neurofysiologiska tillstånd) är summan av pågående neurofysiologiska processer, närmare bestämt summan av alla sinnesintryck och nervsignaler vid ett och samma tillfälle. Alla våra känslor såsom kärlek, rik, glädje, makt, respekt och sorg är egentligen olika tillstånd.

Stanna upp och fråga dig själv: Kan det vara så att mitt agerande i stunden begränsas av tillståndet jag befinner mig i?

Pröva även denna tanke: I allt vi gör drivs vi av att förändra vårt tillstånd.

Hela livet är egentligen en jakt på tillstånd. I allt vi gör drivs vi av att förändra våra tillstånd. Om du tänker på det, så är mycket av det vi gör endast inlärda beteenden för att uppnå önskade tillstånd. När vi känner oss hungriga, oproduktiva, lata, trötta, ledsna, arga, uttråkade eller något annat oönskat tillstånd, agerar vi för att ändra det. Människor genom historien har varit villiga att pröva allt för att försätta sig i önskade tillstånd, arbete, sex, sprit, mat, semester, droger och bungyjumping m.m. Alla dessa må förändra tillståndet vi befinner oss i men de har sina begränsningar. De är inte långvariga och de är baserade på yttre faktorer. Sättet vi väljer att förändra vårt tillstånd antingen försvagar oss eller bygger upp oss.

Fråga dig själv: Vad brukar jag göra för att försätta mig i ett mer önskat tillstånd? Titta på serier, läsa, träna, sova, äta, dansa, be, meditera, röka, träna, slåss, arbeta, dricka alkohol eller kaffe.

I samtalet om tillstånd kan vi förstå att det inte finns arga, deprimerade eller själviska människor, det finns bara arga, deprimerade och själviska tillstånd. Har du tänkt på att en person som röker inte röker hela tiden, utan röker endast när hen är i ett tillstånd av att vilja röka. På samma sätt är det med någon som frossar i mat, personen äter ju inte varenda minut utan endast när hen befinner sig i ett tillstånd av att vilja äta. Övriga tiden befinner personen sig i ett annat tillstånd och gör därför andra saker.

Vårt ständiga pendlande mellan tillstånd är för många en omedveten process. Ibland mår vi bra och ibland mindre bra utan att inse att vårt tillstånd är en kraft som vi kan lära oss att bemästra. När vi lär oss att använda våra tillstånd kan vi börja dra nytta av resurserna vi har på insidan närhelst vi behöver dem.

Priset för att inte ta kontroll över våra tillstånd kan stå oss dyrt. Vet du vad, Jimmy Hendrix, Marilyn Monroe, Janis Joplin, John Belushi, Elvis Presley, Heath Ledger, Robbin Williams och Avicci(Tim Bergling) har gemensamt? De är alla människor som aldrig lärde sig att kontrollera sina tillstånd. De är människor som hade all orsak (i människors ögon) att må bra, men levde istället sina liv i tillstånd som tillslut fick dem att begå självmord. De fick vara kreativa och skapande, de hade pengar, familj, människor som älskade dem, men i slutändan var inte det nog. Gemensamt för ovanstående personer var att de försökte lösa sin inre problematik med yttre faktorer.

"Kvalitén i vårt liv speglar de tillstånd som vi befinner oss i på daglig basis"
—TONY ROBBINS

Tillstånden vi befinner oss i formar våra liv. Någon ska ha sagt "våra liv är summan av våra upplevda tillstånd". Våra tillstånd antingen begränsar oss eller blir nyckeln till våra inre resurser. Våra tillstånd bestämmer vårt beteende, vårt beteende bestämmer våra resultat och resultaten vi får utgör våra liv.

Ett underbart liv består av underbara tillstånd och underbara tillstånd är ingen slump. Ett hållbart underbart liv börjar med att bli medveten om tillstånden vi befinner oss i och på daglig basis fråga oss själva: Vilket tillstånd befinner jag mig i just nu? Ett stressat tillstånd? Ett tillstånd av rädsla? Ett argt tillstånd? Ett oövervinnerligt tillstånd? Ett underbart tillstånd?

BEMÄSTRA DIN LIVSUPPLEVELSE

Om tillstånd är nyckeln till vår inneboende kapacitet, skulle det inte varit bra om vi kunde försätta oss i produktiva och motiverande tillstånd närhelst vi ville, oavsett omständigheter? Det kan vi. Första steget till att kunna bemästra vårt tillstånd är att förstå tillståndets två främsta beståndsdelar:

- Dina inre föreställningar = VAD och HUR du föreställer dig händelser i ditt huvud.

- Din fysiologi = HUR du använder din kropp, andning, ansiktsuttryck och sättet du rör på dig.

Inre föreställningar
För inte så länge sedan utfördes en terroristattack i Stockholms innerstad. Det utgör ett praktiskt exempel på betydelsen av inre föreställningar. Situationen var osäker och chockerande för alla, men reaktionen hos människor varierade kraftigt. Några intog tillstånd av ångest och oro, andra tillstånd av vrede och raseri, medan andra intog tillstånd av medkänsla och mod. Människors tillstånd berodde på vad och hur de föreställde sig situationen.

En människas inre föreställningar blir hennes verklighet. Rädsla till exempel, rädsla är en känsla som begränsar fler människor än något annat. Däremot är rädsla hälften så komplicerat som vi ibland gör det. Rädsla är ofta bara resultatet av att vi föreställt oss något som inte hänt på ett sätt som skrämmer oss. Kort sagt, rädsla är många gånger bara resultatet av våra inre föreställningar.

Våra inre föreställingars inflytande på oss kan exemplifieras av följande exempel: Om vår partner kommer hem sent från jobbet så är det våra inre föreställningar som avgör hur vi bemöter hen. En inre föreställning av att hen har en affär med någon annan skulle försätta oss i ett visst tillstånd och därmed få oss att agera på ett visst sätt. Om vi istället föreställer oss att vår partner älskar oss och gör allt hen kan för att komma hem ökar troligtvis chansen att vi möter vår partner på ett mer kärleksfullt sätt. Den enda egentliga skillnaden på vårt bemötande är vår inre föreställning.

Men vad är det som avgör vilka inre föreställningar/bilder vi använder oss av? Vårt sätt att föreställa oss situationer präglas i stor utsträckning av vår uppväxt och av vår miljö. Till exempel när du var liten, om din mamma ibland kom hem sent och din pappa reagerade genom att säga "Hon är säkert ute, shoppar och tänker bara på sig själv" är det mycket troligt att du lärt dig att när människor kommer sent så är orsaken oftast att de är själviska. Medan om din pappa alltid reagerade med att säga "Oj mamma jobbar sent igen, hon sliter verkligen för att vi ska hade det bra" så kommer din föreställning bli en annan.

En människa som upplever depression använder ofta inre föreställningar som resulterar i hopplöshet. "Deprimerade människor" är skickliga på att skapa inre föreställningar av brist på kontroll och resurser. De föreställer sig ofta sig själva oförmögna att klara av nuet och framtidens alla "borden" och "måsten". Hur skulle man känna sig om man föreställde sig oförmögen att förändra något överhuvudtaget? Ganska deprimerad såklart.

Smärtsamma känslor är egentligen meddelanden som ber oss att ändra sättet vi föreställer oss situationen. Stress och depression är meddelanden om att det inte är hälsosamt att försöka ta sig an hela livet på en gång. Första steget ur depression börjar med en hanterbar föreställning av framtiden. När personen som upplever depression lyckas prioritera och färdigställa en sak i taget så kommer personen genast må bättre.

Fysiologi

Något som i större utsträckning påverkar vårt tillstånd är hur vi använder vår fysiologi, nämligen vad vi gör med våra kroppar, vår hållning, muskelspänning, hur vi andas och rör oss. Låt mig ta ett exempel.

Om det stod en person bakom dig just nu som befann sig i ett deprimerat tillstånd och jag bad dig beskriva hen innan du fick titta hur hen såg ut är jag ganska säker på att du skulle kunna göra en rätt precis beskrivning. Har personen vanligtvis en stolt och upprätt hållning eller mer slapp och nerböjd? Huvudet upp eller ner? Tar personen stora djupa härliga andetag eller mer ytliga andetag? Talar personen högt och tydligt eller mer lågt och otydligt?"

Människor som befinner sig i deprimerade tillstånd har ofta ett väldigt begränsat rörelsemönster. Ett begränsat rörelse mönster leder till ett begränsat känsloliv, medan en person som aktivt använder sin kropp och andning skapar energi och ett blomstrande känsloliv. Därav talesättet "motion creates emotion". Vår kropp och vår hjärna är i ständig växelverkan. Dina inre föreställningar påverkar din fysiologi och din fysiologi påverkar dina inre föreställningar. Att vara sjuk är ett ganska tydligt exempel på när vår fysiologi påverkar våra inre föreställningar och därmed vår motivation. Kan du minnas senast du var sjuk eller illamående? Kände du för att kläcka en prisvinnande idé eller för att rädda världen? Troligtvis inte. I tillstånd som präglas av muskelspänning, trötthet eller sjukdom tenderar vi att förstora negativa inre föreställningar vilket i sin tur påverkar vårt tillstånd. Tillstånden vi befinner oss i påverkar i sin tur hur vi agerar och vårt agerarande påverkar våra resultat.

Forskarna Amy J. C. Cuddy, Caroline A. Wilmuth och Dana R. Carney vid Harvard universitetet gjorde en studie i hur vår fysiologi i form av "power-poses" (olika kroppshållningar) påverkar våra beteenden och följaktligen våra yrkesresultat, du kanske har sett deras TED-talk. Studien visar att en radikal förändring i en persons fysik och en mer öppen kroppshållning producerar känslor av dominans och bidrar till att vi vågar ta större risker, vi blir mer handlingsorienterade, får ökad smärttolerans och en markant ökning av testosteron.

Atleter försätter sig själva konstant i kraftfulla tillstånd
genom sättet de använder sina kroppar.

En radikal förändring i vår fysiologi får oss alltså inte bara att känna oss mer kraftfulla utan producerar faktiska hormon och substans i kroppen som gör oss starkare. Däremot resulterar en stängd kroppshållning i att testosteronet, vårt dominanshormon sjunker markant och istället producerar vi kortisol.

Kortisol är ett stresshormon som blir bränsle för känslor som ångest, oro och stress. Kortisol gör också att immunförsvaret hämmas. Sättet vi använder vår kropp påverkar hela vår kropps biokemi och därmed också hur vi känner oss *.

När vi förstår fysiologins inverkan på vår mentala hälsa och vårt känsloliv så förstår vi också vikten av att ta hand om våra kroppar. Många tänker att träning handlar om sex pack, breda axlar och en snygg rumpa men glömmer att en bra fysik är förutsättningen för ett hälsosamt känsloliv och ett mentalt välmående.

BESLUTET ATT LEVA ETT UNDERBART LIV

Min morfar brukade alltid säga "en vältränad kropp är en motorväg till glädje och grusväg till stress". Utmaningen idag är att allt fler människor lever på ett sätt som skapar en grusväg till glädje och en motorväg till stress. Min morfars ord bär på en viktig läxa. Att skapa hälsosamma rutiner, träna lite varje dag och äta hälsosamt är en grundbult om vi vill leva ett emotionellt välmående liv.

Vi behöver inte bli människor som vaknar upp på morgonen, håller tummarna och hoppas att det ska bli en bra dag. En sådan hållning gör oss till offer för omständigheter. Det blir ett liv i reaktion där vi mår som det går och där omständigheter bestämmer kvalitén i våra liv. I ljuset av detta ställ dig själv frågan: Vad kommer det att kosta mig emotionellt, mentalt, socialt och fysiskt om du inte lär dig att bemästra ditt eget tillstånd?

Tänk om vi istället lärde oss att bemästra vårt tillstånd. Föreställ dig att kunna bemästra ditt tillstånd oavsett situation, att alltid kunna försätta dig i ett tillstånd där du känner dig trygg, stark och handlingskraftig. Om det var möjligt hade du varit villig att göra det?

Att spendera livet i underbara tillstånd oavsett omständigheter börjar med tron på att det är möjligt och beslutet att göra det oavsett vad som händer. Nästa steg är att börja ta kontrollen över sina inre föreställningar och sin fysiologi. För att lära oss styra våra föreställningar måste vi först förstå hur vi föreställer oss saker.

* J. C. Cuddy, A. Wilmuth & R. Carney, Harvard Business School Working Paper, No. 13-027, September 2012.

Liksom de flesta djur så använder vi människor oss av våra sinnen för att registrera och tolka vår omgivning. Utan våra sinnen skulle vårt nervsystem inte få någon information alls. Varje sekund så sållar vår hjärna bland miljontals intryck, allt ifrån blodet som rinner i våra lillfingrar till fåglarna som kvittrar. Varje sekund behandlar vårt medvetna endast 40 bit information per sekund medan vårt omedvetna bearbetar hela 11 miljoner bit information per sekund. Vår hjärna filtrerar information utifrån vad den behöver eller tror sig behöva i framtiden, den generaliserar, modifierar och förvränger all information och skapar sedan inre föreställningar. Våra inre föreställningar av verkligheten speglar väldigt sällan verkligheten, utan snarare vår personliga utgallring av verkligheten (baserad på erfarenheter, värderingar och trosföreställningar). *Kort sagt, vår bild av verkligheten är sällan verkligheten utan endast en av miljontals möjliga tolkningar av verkligheten.*

Eftersom vi nästan aldrig kan veta hur saker och ting verkligen förhåller sig, vore det inte bäst att föreställa oss de på ett sätt som stärker oss? Genom att lära oss att bemästra våra inre föreställningar och vår fysiologi kan vi oavsett händelser försätta oss i tillstånd som maximerar våra fysiska och inre resurser. Känslostarka (framgångsrika) personer har ofta en förmåga att oavsett situation skapa inre föreställningar om hur de har eller kommer att lyckas. När en svår eller utmanande situation dyker upp tenderar de att föreställa sig situationen på ett sätt som försätter de i produktiva tillstånd och motiverar dem att agera konstruktivt och inte på ett sätt som gör dem bittra, nerslagna och får dem att ge upp.

Faktum är att vår hjärna inte vet skillnaden mellan verkligheten och det vi tydligt föreställer oss. När en svår och utmanande situation äger rum så är det alltså vår förmåga att bemästra våra föreställningar och fysiologi som kommer avgöra hur vi mår.

> ”As a man thinketh in his heart, so is he”
> – PROVERBS 23:7

Du har säker hört människor förklara sina handlingar och beteenden genom att säga ”Det är bara sån jag är”. Ingen bara ”är som de är”. Neuroforskare har visat att våra tankar och sättet som vi föreställer oss livet förstärker och skapar nya nervbanor i hjärnan. Dessa nervbanor avgör vilka tillstånd som blir mer eller mindre tillgängliga och därmed också till stor del avgör hur vi agerar. Vi agerar alltid i enlighet med de signaler vi sänder upp till hjärnan.

De goda nyheterna är att det är en process vi kan ta kontrollen över. Genom att medvetet skapa inre föreställningar som stärker oss (även i svåra situationer) så tvingar vi vårt nervsystem att kontinuerligt använda särskilda nervbanor. Genom att göra detta dagligen så skapar vi stora neurologiska motorvägar till fruktbara tillstånd. Plötsligt kan stärkande tillstånd bli en naturlig del av våra liv, något vi kan komma tillbaka till även i tider av sorg, utmattning och hopplöshet.

Om vi vill kan vi alltså leva i underbara tillstånd oavsett omständigheter eftersom vi har kapacitet att skapa sinnesintryck genom inre föreställningar och genom hur vi använder vår fysiologi. Ju oftare vi befinner oss i underbara tillstånd desto mer underbart blir livet.

Stanna upp och fundera på följande: Kan det vara så att det är kvalitén på tillstånden jag befinner mig i på daglig basis som avgör kvalitén på mitt liv?

Det stämmer till viss del, ju oftare vi befinner oss i konstruktiva tillstånd ju större blir naturligtvis chansen att vi väljer att agera konstruktivt. En annan viktig faktor är hur vi väljer att kanalisera våra tillstånd. När vi väl befinner oss i ett visst tillstånd använder sig vår hjärna av olika beteende-alternativ för att kanalisera våra olika tillstånd.Enda sedan vi var barn har vi lärt oss olika beteenden genom vilka vi kanaliserar våra tillstånd. Vissa har lärt sig att kanalisera ett tillstånd av irritation på ett våldsamt och aggressivt sätt medan andra blir tysta och likgiltiga. Vissa väljer att träna när de blir stressade andra äter. Vissa söker gemenskap när de blir ensamma andra tar till flaskan. Våra olika sätt att kanalisera det vi känner kommer ifrån de beteendealternativ som vi har samlat på oss under våra liv.

Sättet du kanaliserar dina tillstånd begränsas till de beteende-alternativ du introducerats till. Det är därför det är viktigt att med omsorg välja vilka vänner du umgås med och vilken media du konsumerar. Alla människor vi umgås med och all media vi konsumerar introducerar nya beteende-alternativ. Vi kan bara bete oss på sätt som vi lärt oss och vi kan aldrig bete oss på sätt som vi aldrig lärt oss. Under vår uppväxt har våra föräldrar, vänner och omgivning lärt oss att kanalisera särskilda tillstånd på ett särskilt sätt.

Att bemästra ditt tillstånd blir möjligt när du medvetet börjar bygga neurologiska motorvägar till fruktbara och produktiva tillstånd. Detta kan du göra genom att:

1. På daglig basis skapa en radikal förändring i din kropp. Genom rörelse, andning och träning kan du ändra ditt tillstånd, känslor och därmed ditt beteende på ett ögonblick. När du upplever ett oönskade tillstånd, hoppa, gör några andningsövningar, träna, använd din röst, sjung, ropa högt eller bada i en isvak. Om vi vill vara glada, så måste vi röra oss som när vi är glada. Använd din kropp, få blodet att pumpa och ge dina celler liv. Pröva detta och se att dit kroppen går följer huvudet. Vissa tycker att detta låter löjligt och det må hända, men det fungerar. Plus, det är väl mer löjligt att må dåligt och tro att man inte kan göra något åt det?

2. På daglig basis lära vår hjärna att göra stärkande föreställningar till sitt ursprungsläge. Oavsett om det är Mandela som spenderade 27 år i fängelse, Elise som blev sexuellt utnyttjad sedan 5 års ålder eller Frankl som stirrade döden i vitögat i Auschwitz, så är dessa människor som trots omständigheterna lärde sig att föreställa sig sin tillvaro på ett stärkande sätt. Ett sätt vi kan skapa stärkande föreställningar är genom följande övning:

   A. Hitta en bekväm men aktiv sitt position. Lägg dina händer på ditt hjärta och börja andas med djupa andetag. Medan du känner ditt hjärta bulta, börja andas genom ditt hjärta. Ta en stund att komma ihåg något som du är tacksam för. Det kan vara en händelse, ett minne eller något så simpelt som ditt hjärta. Tänk på det, ditt hjärta slår 100.000 gånger per dag och pumpar liv in i din kropp. Det är en gåva som du inte behövt göra något för att förtjäna. Känn tacksamheten för ditt hjärta.

   B. Medan du fortsätter att andas, föreställ dig ytterligare något som du kan vara riktigt tacksam för. Det kan vara en person som du uppskattar, luften du andas eller något annat som du har blivit given villkorslöst. Tacksamhet har inga gränser.

   C. Fortsätt att andas djupt. När du hittar något att vara tacksam för, föreställ dig det, se det, hör ljudet av det, känn hur det känns, upplev det. Låt känslan av tacksamhet sätta sig i hela kroppen. Gör det verkligt. Nu skapas nya nervbanor till fruktbara tillstånd.

Ju fler gånger en sjöman korrigerar kursen desto säkrare kan hen vara på att hen når hamn. På samma sätt måste vi om vi vill befinna oss i önskvärda tillstånd flera gånger per dag fråga oss själva: Befinner jag mig i ett önskvärt tillstånd just nu? Om inte så kan vi skapa ett tillstånd av absolut tillfredsställelse genom att skapa radikal förändring i min kropp och föreställa oss saker vi älskar, är tacksamma för och stolta över. Rör dig, tala ut det och föreställ dig det.

Vi har valet att antingen låta våra tillstånd kidnappas av allt som händer runt omkring oss eller så tar vi kontroll över våra egna tillstånd genom att själva skapa stimuli som bygger upp oss.

ATT TA MED OSS

Den avgörande skillnaden mellan situationer där vi känner att vi gör bort oss och situationer där vi känner oss oövervinnerliga, säkra och levererar på topp är tillstånden vi befinner oss i. Vi agerar i enlighet med de tillstånd vi befinner oss i. Vårt tillstånd bestämmer vårt beteende, vårt beteende bestämmer våra resultat och våra resultat utgör våra liv. Kvalitén i våra tillstånd avgör alltså kvalitén i våra liv.

Den glada nyheten är att vi har möjlighet att på ett ögonblick ändra våra tillstånd. Genom en radikal förändring i vår fysiologi och genom att skapa nya inre föreställningar av en situation kan vi ta kontroll över våra tillstånd. Detta är en enorm kraft som vi har vare sig vi vill eller inte. Vi har tillgång till alla känslor vi vill känna och behöver inte vara ett offer för yttre omständigheter om vi inte vill.

Det är alltså inte vad som händer som avgör kvalitén våra liv utan hur vi hanterar det som händer. Hur vi hanterar situationer bestäms av tillståndet vi befinner oss i.

KAPITEL 5

ROTEN TILL ALLT GOTT

VÅR INNERSTA LÄNGTAN

Tåget rusade fram genom det snötäckta landskapet. På väg hem från Norra Sverige satt jag och arbetade på min laptop. Medan jag satt och skrev kunde jag inte låta bli att lägga märke till mannen som satt på andra sidan mittgången av tågvagnen. Nersjunken, djupt suckandes och stirrandes ut i tomma intet var det påtagligt att något inte stod rätt till. Eftersom avsnittet jag satt och skrev just handlade om "tillstånd" ansåg jag det vara på sin plats att i alla fall fråga hur det stod till med mannen.

Jag satte mig bredvid honom och femton minuter senare hade jag fått höra en berättelse om ett obehagligt familjedrama. Mannen kallade sig för Danno och kom från Kosovo. Efter att ha kommit ut och berättat för sin familj att han var homosexuell hade hans far försökt att mörda honom. Dannos mor räddade hans liv och han lyckades fly till Sverige. Anledningen till att Danno nu var så bedrövad var att han fått utvisnings-besked och skulle bli tvungen att lämna Sverige och återvända till Kosovo. Ett land där hans far svurit att döda honom om han fick tag på honom.

Danno föreställde sig onekligen sin livssituation på ett sätt som försatt honom i ett tillstånd av oro och stress och använde också sin fysiologi på ett sätt som förstärkte det tillståndet. Hans berättelse kanske rättfärdigar hans tillstånd, men samtidigt visste jag att oavsett vad han stod inför så skulle han behöva alla inre resurser som fanns att tillgå. Han behövde ändra sitt tillstånd.

Jag tog tag i hans arm lite hårdare än vad man brukar ta tag i en främling på tåget och tittade honom djupt in i ögonen och frågade "Vad är du riktigt tacksam för just nu Danno?". Både Danno och andra tågresenärer tittade förvånat på mig. Jag håller med om att det kanske inte är frågan man förväntar sig, efter att precis ha beskrivit hur hela ens liv vänts upp och ner, men jag visste att hans tillstånd var avgörande. Om han stannade kvar i ett tillstånd av oro och stress skulle hans sätt att hantera situationen präglas av oro och stress.

Jag höll kvar blicken, armen och ställde frågan igen "Vad är du riktigt tacksam för just nu?". Hans röst darrade när han svarade "min pojkvän Tommy". "På vilket sätt är du tacksam för Tommy?" frågade jag med säker ton. Danno började berätta om en kärlek som var det bästa han visste. En kärlek som förstod och alltid ville väl. På bara några sekunder rätade hans rynkade ansikte ut, hans ögon fick tillbaka gnistan och jag såg hur han föreställde sig Tommy.

Jag önskade att jag kunde säga, att min dryga timmes konversation med Danno gjorde att han fann kraften inom sig. Kraft som gjorde att han kunde ta sig an sin livssituation på ett bättre sätt. Jag vet inte vad som hänt Danno. Det enda jag vet är att mötet med Danno bär på en av livets viktigaste läxor: Alla önskvärda tillstånd finns tillgängliga inom oss hela tiden. Kärleken som Danno upplevde i förhållande till Tommy, värmen den spred i hans kropp, styrkan den gav hans sinne, friden den gav hans själ, fanns inom honom hela tiden.

Även fast de flesta av oss kanske inte är mordhotade så är historien om Danno en påminnelse om att svåra tider kommer hända oss alla. Oavsett vilka vi är och var vi kommer ifrån, så kommer vi uppleva tider då vårt liv skakas och allt vi tror är säkert kommer vändas upp och ner. När vi kommit såhär långt i boken så vet vi att vi aldrig kommer kunna bestämma över det som händer i våra liv, men vi kommer alltid kunna bestämma hur vi hanterar det som händer. Det är vårt sätt att hantera det som händer som kommer avgöra kvalitén i våra liv. Vår förmåga att hantera händelserna i våra liv bestäms av tillstånden vi befinner oss i. Vår upplevelse av önskade tillstånd begränsas endast av hur vi använder våra inre resurser.

Alla våra tillstånd kan delas in i tre kategorier:

* Önskvärda tillstånd
* Tillstånd av smärta
* Tillstånd av lidande

Önskvärda tillstånd är när vi känner att vi kan vara oss själva fullt ut och är nyckeln till välmående oavsett omständigheter. Önskvärda tillstånd karaktäriseras av tro, glädje, passion och tacksamhet. Vi kan skapa dessa tillstånd genom att medvetet ta kontroll över vårt fokus, betydelserna vi ger och vår fysiologi.

Tillstånd av smärta uppstår när omständigheterna inte matchar vår föreställning av hur livet "borde" vara. Tillstånd av smärta är oundvikliga men behöver inte bestämma hur vi mår. Kvalitén i människors liv skiljer sig beroende på vad de väljer att göra med sin smärta. Vi kan låta den resultera i sorg, besvikelse och ilska eller i medlidande, medvetenhet och kärlek.

Tillstånd av lidande uppstår också när omständigheterna inte matchar vår föreställning av hur livet "borde" vara. Själva lidandet uppstår när vi stannar kvar i smärtan samtidigt som vi tvivlar på att det någonsin kommer förändras till det bättre. Danno befann sig onekligen i ett tillstånd av lidande.

VAD HINDRAR OSS FRÅN ATT LEVA ETT UNDERBART LIV

Om önskade tillstånd är de som gör våra inre resurser tillgängliga, vad är det som hindrar oss från att alltid befinna oss i sådana tillstånd? Vad är det som hindrar oss från att vara de bästa vi kan vara och våga agera på vår innersta längtan? Svaret är rädsla, närmare bestämt två rädslor:

* Att inte vara tillräckliga
* Att inte vara älskade

Rädslan för att inte vara tillräcklig styr mångas liv. Att inte vara tillräckligt framgångsrik, tillräckligt smart eller tillräckligt snygg etc. Rädslan för att inte vara tillräcklig gör ofta att vi ägnar våra liv åt att uppnå yttre framgång för att försäkra oss om att vi ses som värdefulla och o-utbytbara. Vi vill att människor ska acceptera oss. Så vi kämpar för att nå en plattform eller bli något som människor eftertraktar. Vi vill göra karriär, inneha en prestigefylld titel, rädda världen, vara bra föräldrar, bli rika, kända, snygga eller sexiga. Vår strävan efter värde görs ofta på bekostnad av vårt eget och ibland även på andras välmående.

> *"Man vill bli älskad, i brist därpå beundrad, i brist därpå*
> *fruktad, i brist därpå avskydd och föraktad. Man vill*
> *ingiva människorna något slags känsla. Själen ryser för*
> *tomrummet och vill kontakt till vad pris som helst"*
> - HJALMAR SÖDERBERG

Precis som citatet antyder är vår rädsla för att inte bli älskade så stark att vi kan göra vad som helst för att undvika den. Eftersom kärlek inte kan köpas för pengar eller krävas utan endast ges, känner vi alla en viss utsatthet i relation till kärlek. Upplevelsen av utsatthet gör att vi många gånger försöker återta kontrollen genom att prestera och på så sätt förtjäna kärlek.

Många av oss presterar för att uppnå något som kan göra oss värda att älskas. Vi kanske inte ser vårt arbete som en jakt på att bli älskade, däremot är det tydligt att vårt värde i samhället idag är starkt knutet till vad vi gör eller presterar. Vi bedöms och belönas utifrån våra, resultat, meriter, bragder, framgångar och titlar. I ljuset av detta lever många av oss i föreställningen att om vi bara presterar bra nog så kan vi bli värda att älskas.

Att basera vårt värde på yttre faktorer begränsar vår upplevelse av kärlek till prestation och tillgången på yttre faktorer och vår förmåga att förvärva dessa. I rädslan att inte prestera tillräckligt bra tillbringar vi livet i varken underbara tillstånd eller i tillstånd av lidande utan hamnar i ett liv präglat av "OK" tillstånd. Vi sliter i veckorna och vilar på helgerna. Vi hoppas på en löneförhöjning, en bra helg och några extra semesterdagar. Det blir ett liv där vi gör det man "ska" göra och på sättet man "ska" göra det. Begränsade av vår rädsla att inte prestera enligt normen vågar vi inte leva fullt ut, pröva, satsa och utforska vår potential utan lever vårt liv utifrån samhällets regler och normer.

Många av oss vill inte gärna se rädsla i oss själva, istället gömmer vår rädsla bakom ord som stress. Tänk efter, är inte stress egentligen ett kodord för rädsla? Närmare bestämt rädslan för vad ett misslyckande skulle kunna innebära? Känslan av att inte riktigt räcka till? I samtalet kring detta är det vanligt att folk säger "Nej, nej, nej, jag kanske är stressad men det betyder inte att jag är rädd för att misslyckas. Jag har bara mycket att göra". Ok, men frågan är, varför gör det dig stressad? Då kanske du säger ". Det är bara så det är, man måste få vissa saker gjorda i tid…". Ok, vad händer annars? "Ja då blir kanske folk upprörda". Jaha och vad spelar det för roll? " Ja, de kan börja ifrågasätta min förmåga och position". Jaha och? " "Vad spelar det för roll? "Då kan jag få sparken!". Och om vi får sparken, kan vi bli sedda som misslyckanden och ingen älskar väl någon som misslyckas?

> *"Stress har sina rötter i rädslan att inte räcka till*
> *vilket i sin tur är rotat i rädslan att inte vara älskad"*
> –NOAH FROM

Prestation har blivit det etablerade sättet att förtjäna bekräftelse och erkännande i samhället. Vi introducerar oss med titlar, meriter och bedrifter. Genom att prestera och leverera resultat kan vi påvisa värde. Det vi egentligen säger är: "Detta är vad jag har åstadkommit, jag har något av värde, något som är värt din uppmärksamhet".

Samhället och människors hyllning av materiell framgång har gjort att de flesta av oss associerar "misslyckande" med det värst tänkbara, att inte vara värdefulla nog att älskas. Rädslan att misslyckas tar sig uttryck på många sätt. Att prioritera vårt arbete framför familjen är ett av de vanligaste sätten. Vi är ofta bra på vårt jobb och genom att leverera mätbara resultat skapar vi känslan av kontroll. Barnuppfostran och känslohantering däremot, upplevs ofta som mer oförutsägbart och utmanande. Genom att vara upptagna med vårt arbete som vi vet att vi kan leverera resultat inom undviker vi "miss-lyckande" och situationer som sätter vår självbild på spel. För vem älskar någon som är värdelös? Är vi ens själva kapabla att älska oss själva om vi ser oss själva som värdelösa?

För att slippa tillstånd av smärta och lidande som oönskad stress och ångest så distraherar vi oss. Västvärlden har aldrig någonsin använt mer droger än vi gör idag. USA utgör 5% av världens befolkning men konsumerar mer än 80% av världens kokain. Folkhälsomyndigheten rapporterar 2018 att 51% av Sveriges befolkning lider av övervikt. Vi har aldrig ätit så mycket som vi gör idag. Vi har aldrig konsumerat så mycket antidepressiva medel, druckit så mycket kaffe eller rökt så många cigaretter per invånare som vi gör idag. Vi har aldrig spenderat mer tid avskärmade från den fysiska verkligheten med hjälp av mobiler, tv spel, serier, musik, och surfplattor. Detta skulle naturligt-vis kunna vara en ren slump eller så är det en indikator på att de flesta av oss gör allt vi kan för att uppnå tillstånd som för en stund kan distrahera oss från allt vi "måste" och "borde" göra för att känna oss värdefulla nog att älskas.

Vi kanske lever i en tid med extraordinära resurser men lever vi verkligen extraordinära liv? En epedemi av skilsmässor, stress, utbrändhet, sjukskrivningar och övervikt, skulle kunna vara indikatorer på att vi hungrar efter något mer än mat, pengar, arbete, underhållning, ytterligare en baksmälla eller mer action i våra liv.

ATT HITTA HIMLEN I HELVETET

Rwanda, 1994, var ett helvete på jorden och folkmordet på ca 1 miljon människor ägde rum. Lärare dödade sina elever, vänner förnekade att de någonsin känt varandra och grannar förgrep sig på grannbarn. Antonia var en av de som gjorde allt som stod i hennes makt men ändå förlorade hela sin familj och utsattes för flertalet sexuella övergrepp. Som resultat av övergreppen blev hon HIV smittad och även gravid med förbrytarens barn. Efter kriget upplevde Antonia ett smärtsamt hat, en otrolig hopplöshet och en vilja att dö.

När kriget tog slut och största delen av dödandet upphörde skulle efterdyningarna vara minst lika smärtsamma för Antonia. Hon blev utestängd och förkastad av människorna runt omkring henne. Ingen ville ta i någon som "låtit" sig våldtas. Ingen vill umgås med en döende änka som "förrådit" sin egen familj för att rädda sig själv. Antonia må fysiskt sätt ha överlevt ett folkmord, men inombords kände hon sig död och värdelös.

Efter kriget började kvinnor som delade Antonias upplevelse att samlas i små kollektiv. När Antonia för första gången besökte ett sådant kollektiv så kände hon plötsligt ett hat välla upp ur hennes inre mot kvinnorna i kollektivet. I efterhand har hon förstått att hennes hat var ett desperat rop på hjälp. Allt hon ville, var att någon skulle rädda henne ur förtappelsens träsk. Hennes ständiga utbrott var rotade i hennes rädsla inför att börja känna hopp, bara för att inse att ingen eller inget kunde rädda henne från hennes outhärdliga smärta. Antonia stannade hos kvinnorna i kollektivet. De arbetade tillsammans och levde ett avskalat liv. Varje dag kom de tillsammans och talade med varandra. Hjälpte varandra att inte gå vilse i det mörker som många av de kände på insidan.

När Antonia berättar sin historia för mig, är henne röst lugn, hennes ögon milda och hon får mig att känna mig trygg. Hon fick mig att förstå att hennes frätande hat mot andra var resultatet av att hon hade överlämnat sitt liv i händerna på omständigheter. Så länge hon gjorde omvärlden ansvarig för hennes välmående förblev hon ett offer för allt hemskt som hänt henne, utan förmågan att kunna ändra på det. Trots hennes eget hat, slutade aldrig kvinnorna i kollektivet att visa henne villkorslös kärlek. De visade en kärlek som aldrig slutade tro, som aldrig slutade hoppas och som uthärdade allt. Vad hon än gjorde så blev hon älskad. Efter att dag efter dag ha blivit bemött med kvinnornas kärlek började en tacksamhet växa fram. Sakta men säkert och nästan på ett magiskt sätt började denna tacksamhet välla ut i form av kärlek till andra människor.

Efter en tid blev Antonia själv en kärleksfull famn i vilken nyanlända kvinnor kunde vila. Ett liv i givande, gav Antonia mening. Kärleken gjorde att hon upptäckte sin potential att övervinna sitt förflutna och sin förmåga att förbättra andras liv. Hon upptäckte även att hon kunde älska precis som kollektivets kvinnor hade älskat henne, villkorslöst. Kärleken var en makt hon själv hade och som ingen kunde ta ifrån henne. Idag delar hon sin berättelse med ambassadörer och politiska representanter som kommer från hela världen för att besöka kollektivet.

Den kärlek som vi längtar mest efter och vad den kräver av oss formar hela vårt liv. Vi utvecklar egenskaper och kompetenser som vi tror kan ge oss mer av den kärleken. Kvalitén på ditt liv återspeglar kvaliteten på kärlek du har upplevt.

Om våra två största rädslor är tillstånd där vi känner oss otillräckliga och inte älskade, så är det inte mer än logiskt att våra mest önskade tillstånd utgörs av motsatsen, nämligen att känna oss tillräckliga och älskade. I ljuset av Antonias berättelse förstår vi att vår upplevelse av kärleken speglar vår relation till kärleken.

1. Antingen är vi personer som vill ha och är beroende
    av att få kärlek av andra
2. Eller så inser vi att kärleken är något som finns inom oss och är vår att ge

LIVETS STÖRSTA GENOMBROTT

Antonias genombrott kom när hon insåg att kvinnornas kärlek även fanns inom henne. Hade kärleken funnits inom Antonia hela tiden? Naturligtvis. Trots allt som hänt, fanns potentialen att älska, tro, bära och hjälpa inom henne hela tiden, hon behövde bara att någon visade henne hur den såg ut.

> *"Kärlek är inte något vi behöver leta efter,*
> *eftersom den är vårt ursprung"*
> -MICHAEL BRADLEY

Antonias berättelse visar oss att nyckeln till att känna oss älskade oavsett omständigheter är att inse att det är kärleken inom oss som är vårt sanna värde. Kärleken är ett värde som är konstant, oföränderligt och vårt att ge. Oavsett vilka vi är och om vi befinner oss bland bönder eller presidenter, så har vi alltid möjligheten att ge kärlek. Vår upptäckt av kärleken förändrar allt. Insikten om att vi bär på det som hela mänskligheten längtar efter, tenderar att förändra hur vi föreställer oss själva, vår självkänsla och vårt upplevda värde. Kärleken är roten till allt gott. Utan kärlek slutar spädbarnet växa. Utan kärlek får själen inget syre. Isolerade från omvärlden dör vi sakta men säkert emotionellt, vilket i sin tur inte sällan leder till fysisk död.

Om vi förankrar vårt värde i yttre faktorer som jobb, människors åsikter och pengar, kommer vårt upplevda värde och känslan av att vara älskade att förändras och försvinna när dessa yttre faktorer förändras eller försvinner. Om vi däremot förankrar vårt värde i kärleken som är konstant, kan vårt upplevda värde också förbli konstant.

Har du någonsin känt dig älskad av en person som tycker du är totalt värdelös? Troligtvis inte, eftersom det inte går. Kärlek uppstår ur känslan av att vara värdefull. Så länge Antonia kände sig värdelös och att hon inte hade något av värde, så led hon av dåligt självförtroende och bristande självkänsla. När vi upptäcker kärleken inom oss så har vi även upptäckt vårt sanna värde, vår potential och makt att kunna älska villkorslöst.

Villkorslös kärlek strävar efter att nå fram och älska människor på ett sätt som gör att de själva upptäcker sitt eget konstanta värde. Kvinnorna i kollektivet lär oss att villkorslös kärlek stavas "Ge utan att förvänta något tillbaka". Kärleken säger inte "vad kan jag få", utan snarare "vad kan jag ge".

LIVETS STÖRSTA UTMANING BÄR PÅ LIVETS STÖRSTA BELÖNING

Att älska människor villkorslöst är troligtvis en av livets största utmaningar och bär därför även på livets största belöning, nämligen ett underbart liv. Att älska och ge oavsett hur människor behandlar oss, utmanar oss att varje dag utveckla vår egen förmåga att bemästra vårt fokus, betydelserna vi ger och våra tillstånd även i tider av prövning. *Kärleken är ett mirakel, inte* *på grund av vad den **ger** oss, utan vad den **gör med** oss.* Utmaningen att älska villkorslöst gör att vi för varje dag utvecklas och blir människor som oavsett omständigheter kan känna oss värdefulla, tillräckliga och älskade.

Ju mer vi upptäcker värdet inom oss desto mer värde kan vi bidra med. Det naturliga resultatet av att bidra med mer värde är att människor ser oss som mer värdefulla. Min mening är inte att degradera kärlek till ett verktyg som vi strategiskt använder för att få det vi vill ha. Däremot är det bra att komma ihåg att kärleken är praktisk, den är ändlös och skapar oundvikliga resultat av välbehag.

"Makt baserad på kärlek är tusen gånger mer effektivt och permanent än den makt som kommer från rädslan att bli bestraffad"
- GANDHI

Kärleken som Antonia upptäckte var en kärlek som hade kapacitet att ta henne från ett tillstånd av hopplöshet till ett liv med mening. På samma sätt har kärleken i oss kraft att skapa syfte och mening i våra liv. Kärleken inom oss har kraft att ingjuta liv i relationer som verkar vara förtorkade. Kärleken har kapacitet att nå fram till människor som verkar vara omöjliga att nå. Kärleken kan förvandla oss och personer i vår närhet.

Här kommer det viktigaste stycket i hela boken. Nyckeln till Antonias transformation var att någon visade henne villkorslös kärlek. Trots att hon till en början hatade och spottade på kvinnorna som försökte hjälpa henne så fortsatte de älska henne. Hennes beteende kanske inte förtjänade deras kärlek men vilkorslös kärlek kan inte förtjänas, den ges. Någon som läser detta kanske säger "Jag har aldrig upplevt en sådan villkorslös kärlek", men om vi tänker efter så har vi har alla upplevt denna villkorslösa kärlek. Lägg handen på ditt hjärta, känn hur det slår, så länge det slår så lever du. Du har inte gjort något för att förtjäna ditt hjärta eller något annat i din kropp för den delen. Oavsett vad du väljer att göra med ditt liv så kvarstår det faktum ditt liv och hela din varelse är en villkorslös gåva som du inte gjort något för att förtjäna. Någon älskar dig villkorslöst.

Personlig utveckling och självupptäckt är egentligen en berättelse om den kärlek som ligger bakom hela vår existens. Insikten om vad vi blivit givna, kan göra att samma tacksamhet som växte fram hos Antonia kan börja växa fram hos oss. Ju mer vi upptäcker allt som blivit oss givet desto mer upptäcker vi den vilkorslösa kärlek som visats oss. Ju mer vi ger av kärleken desto mer kommer vi uppleva kraften i kärleken. Det är på detta sätt kärleken kan bli den bästa av drivkrafter. Nyckeln till ett underbart liv är att vi förstår att den första personen som måste få uppleva villkorslös kärlek, är vi själva.

"Älska din nästa som dig själv"
– GALATEBREVET. 5:14

Kärleken har förbryllat tänkare i årtusenden och fortsätter vara ett ändlöst mysterium. Att sätta fingret på något så svårdefinierat fenomen som kärlek kan endast ses som ett tappert försök att definiera det odefinierbara eller att sätta ord på det som inte kan beskrivas med ord. Däremot är historien fylld av människor som tycks ha upplevt en kärlek så stark att de gett sina liv på uppdraget att ge den till andra. Dessa människor hjälper oss känna igen verklig kärlek och att förstå kraften som vilar i den.

ATT TA MED OSS

Vår största längtan i livet är ett tillstånd av att vara tillräckliga och älskade. Det som hindrar och begränsar oss i livet är tillstånd som präglas av våra två största rädslor:

- Att inte vara tillräckliga
- Att inte vara älskade.

När vi glömmer bort att kärlek är något återfinns inom oss, så börjar vi leva ett liv på ständig jakt på yttre saker för att förtjäna kärlek. Jakten på att bli värdefull nog för att bli älskad blir ett liv där vi på bekostnad av vår fysiska och emotionella hälsa arbetar stenhårt för att upprätthålla vår framgång, status och vårt anseende. När vi blir trötta tenderar vi att använda yttre faktorer för att kunna koppla av. Vi distraherar oss själva innan vår törst efter kärlek gör att vi ger oss in i prestation- och förtjänarträsket igen.

Hemligheten till att vara konstant älskad är insikten om att kärlek uppkommer ur känslan av värde. Vi kan inte känna oss älskade om vi känner oss värdelösa. Hemligheten till till ett underbart liv är insikten om att vi är villkorslöst älskade och att samma kärlek finns inom oss. Det är kärleken som vi har blivit givna som är vårt värde. Oavsett vem du är, bär du på världens mest mest eftertraktade gåva inom dig, villkorslös kärlek. Den är inget vi behöver prestera utan blir naturlig ju mer vi upplever av den.

BONUS

VÅRA TIO VANLIGASTE KÄNSLOR, VAD DE BETYDER OCH HUR VI KAN HANTERA DEM

Alla våra "negativa" känslor bär på värdefulla meddelanden. Dessa meddelanden talar om för oss att vi måste förändra antingen sättet vi föreställer oss situationen eller vårt sätt att agera (eller båda). Vi har valet att antingen stanna kvar i våra känslor eller istället använda budskapet och förändra sättet vi känner.

Rädsla - Betyder att det är dags förbereda dig för något som förväntas hända i framtiden. Lösning: När du har förberett dig är det viktigt att tala om för din hjärna att du är förberedd och istället börja fokusera på vad du vill ha i situationen.

Sårad - Du upplever att ett eller flera av dina behov inte har blivit tillgodosedda. Det kan också betyda att du inte tillgodosett en annan persons behov. Lösningen är att kommunicera dina behov mer tydligt eller ändra ditt sett att försöka tillfredställa ditt/andras behov.

Ilska - Betyder att någon av dina regler har brutits. Vi alla har regler för hur saker och ting borde vara. Ofta är vår ilska resultatet av att vi själva brutit mot våra egna regler och vill att andra ska ta ansvaret för det. Lösningen är att se över vilka regler som är absolut nödvändiga att ha. Färre regler, mindre ilska.

Frustration - Betyder att ditt tillvägagångssätt inte fungerar. Du kan fortfarande lyckas men du måste förändra ditt tillvägagångssätt.

Besvikelse - Betyder att du förväntade dig att något skulle hända som inte hände. Lösningen är att släppa det, inte stanna kvar utan börja fokusera på vad du vill ha istället och ta ett först steg i den riktningen.

Skuld - Betyder att du har brutit mot en av dina viktigaste värderingar och inte levt upp till det som du satt som standard för ditt liv. Lösningen är: 1) Se över och bli medveten om dina värderingar och vad du satt som standard för ditt liv. Är de rimliga? 2) Gör något omedelbart som säkerställer att du inte kommer göra det igen.

Hjälplös eller deprimerad - Betyder att du försöker ta dig an hela livet på en och samma gång (svälja hela valen i en tugga). Lösningen är att börja där du är och omprioritera. Gör en lista på det som är viktigast för dig för att du ska må bättre och börja med att gör en liten sak i taget. Så fort du färdigställer den första saken kommer du må bättre.

Ensam - Betyder att du måste ta kontakt med människor. Lösningen är att ändra din föreställning om att du är ensam och gå ut och träffa någon. Ge kärlek till någon. Nyckeln är att kunna ge utan att förvänta dig att få.

Otillräcklig - Betyder att du ställer orimliga krav på dig själv. Lösningen är att ändra kraven eller besluta dig för att bemästra området i fråga och fokusera dina resurser (tid, pengar, talang) på det. Var det inte svårt att knyta dina skor första gången du prövade? Såklart, men ju oftare du gjorde det desto bättrre blev du.

Oönskad stress - Avslöjar ett destruktivt sätt att föreställa dig situationen och ett nerbrytande sätt att använda din kropp. Roten till stress är rädslan för vad ett misslyckande kan innebära. Vår hjärna är designad för att överleva. Om du låter den gå på autopilot så kommer den leta efter allt som kan gå fel och förstora det. Fem praktiska steg som du kan ta för att hantera stress är följande:

1. Fyll ditt sinne med saker som bygger upp dig. Låt inte ogräs växa. Dina tankar är frukten av vad du på daglig basis planterar i ditt sinne.
2. Stärk din kropp. Tillstånd av rädsla är fysiska. Forskning visar att fysisk aktivitet aktiverar din biokemi och gör att din kropp och ditt sinne kan jobba mer effektivt tillsammans.
3. Hitta ett uppdrag som är större än dig själv, din smärta och din glädje. Bli en del av något större som inspirerar dig.
4. Hitta en förebild, någon som har klarat av det du vill klara av. Det kommer ge dig en känsla av hopp och tro att samma sak är möjlig för dig.
5. Hjälp någon annan. Att hjälpa någon som har det svårare än dig själv kommer sätta ditt liv i perspektiv. Oavsett hur illa det ser ut för dig så kan du alltid hjälpa någon annan. Din förmåga att ge och hjälpa kommer bidra till gemenskap och ge dig kraft att försöka igen och gå vidare.

SLUTORD

Välkommen till slutet av boken. Jag hoppas att du fått med dig något värdefullt efter vår känslofyllda upptäcktsresa. Mitt mål har varit att vi tillsammans skulle få upptäcka en av livets mest kraftfulla resurser, våra känslor.Eftersom känslor är osynliga är det många människor missar eller inte prioriterar att förstå och lära sig använda dem. Men hade det inte varit mer än olyckligt att inte lära sig förstå och använda kraften som präglar alla våra beslut.

Förutsättningen för att vi ska kunna leva ett underbart liv och ett liv i frihet är att ta fullt ansvar för våra känslor och inte bli slavar under omständigheter och andra människors handlingar.

Du har nu fått grunderna i hur du kan leva ett underbart liv oavsett omständigheter. Nu vill jag utmana dig att sakta men säkert börjar omsätta bokens innehåll i praktiken. Det vi talat om i denna bok är en livslång resa och nyckeln till att orka är att komma ihåg följande tre saker:

- Eftersom livet handlar om att växa och utvecklas kan vi inte misslyckas. Nelson Mandela sa en gång "I never lose, I either win or learn".

- När vi inte riktigt lyckas med det vi vill så är det viktigt att komma ihåg att tacka oss själva för att vi valt att ta oss an en av livets största utmaning: Att bli känslostarka.

- Tacka för livets olika utmaningar. Det är genom utmaningar vi blottlägger vår inre potential och därigenom kan ge vår omgivning det finaste vi har: Vårt verkliga jag.

Låt oss göra som tusentals hjältar och hjältinnor före oss och inte nöja oss med att bara överleva livet här på jorden utan ta chansen och designa ett underbart liv. Låt oss bli känslostarka.

/ NOAH FROM

PS:

OM DU INTE FÅTT NOG

För er som är "hooked on a feeling" vill jag ge en enkel övning som du tillsammans med din familj, vänner eller själva kan göra för att ta reda på vart ni bor känslomässigt. När vi vet vart vi bor, kan vi välja om vi vill bo kvar eller om vi vill bygga ett nytt känslomässigt hem som vi trivs bättre i.

Såhär identifierar vi och bygger vårt känslomässiga hem:

1. Ta en penna och bläddra fram till en tom sida i denna bok och gör två spalter. Över den ena spalten skriver du "härliga känslor" och över den andra "jobbiga känslor".

2. Skriv sedan ner alla känslor som du upplever under en vecka under respektive spalt. Detta visar hur ditt känslomässiga hem ser ut.

3. När du skrivit ner dina känslor så vill jag att du tittar under spalten "jobbiga känslor" och väljer de två känslor som du oftast upplever under en normal vecka.

4. Dags att hitta botemedlet. Botemedlet är alltid den motsatta känslan. En härlig känsla. Enkelt sagt om du är nedstämd så är botemedlet till exempel glädje eller om du är rädd så är botemedlet mod. Hitta ett botemedel som du anser vara motsatsen.

5. Välj en av botemedelkänslorna. Nu vill jag att du kommer ihåg ett tillfälle när du upplevde den känslan. När du kommer ihåg ett sådant tillfälle och kan se det framför dig, så ska du ställa dig själv följande frågor: Hur använde jag min kropp i vid det tillfället? Vad fokuserade jag på? Hur föreställde jag mig situationen? Hur agerade jag?

6. När du ser tydligt vad du gjorde med din fysiologi, ditt fokus och vad du sa till dig själv för att uppleva den härliga känslan så är det dags att börja träna och bygga en motorväg till att känna så.

7. Under följande vecka kan du varje gång du upplever den jobbiga känslan komma ihåg hur du använde din fysiologi, ditt fokus och din självkommunikation för att skapa och uppleva den härliga känslan. Skapa sedan samma radikala förändring i din kropp, fokusera på samma sak och använd samma ord.

Du har nu fått ritningen och du har redan resurserna för att bygga ditt inre drömhus. En snickare jag talade med sa en gång "Det är enkelt att bygga ett hus men det är inte lätt". Att bygga ett nytt känslomässig hem kräver tid och energi. De goda nyheterna är att om vi börjar bygga idag så har vi snart ett hem som vi kan stormtrivas i oavsett väder på utsidan. Ett hem som vi även kan bjuda hem andra i.

LIVE TO GROW

&

GROW TO GIVE

För mer resurser och kontakt besök:
www.noahfrom.com

www.ingramcontent.com/pod-product-compliance
Lightning Source LLC
Chambersburg PA
CBHW070759300326
41914CB00053B/734